"幼"有何"男"

基于幼儿园男教师专业特质的梯队进阶式发展研究

刘树樑 著

文匯出版社

图书在版编目(CIP)数据

"幼"有何"男":基于幼儿园男教师专业特质的梯队进阶式发展研究/刘树樑著. —上海:文汇出版社,2024.9

ISBN 978-7-5496-4249-6

Ⅰ.①幼… Ⅱ.①刘… Ⅲ.①男性—幼教人员—师资培养—研究 Ⅳ.①G615

中国国家版本馆 CIP 数据核字(2024)第 084081 号

"幼"有何"男"
——基于幼儿园男教师专业特质的梯队进阶式发展研究

作　　者/刘树樑
责任编辑/张　涛
封面装帧/智　勇

出　版　人/周伯军
出版发行/文匯出版社
　　　　　上海市威海路 755 号 (邮政编码:200041)
经　　销/全国新华书店
排　　版/南京展望文化发展有限公司
印刷装订/浙江天地海印刷有限公司

版　　次/2024 年 9 月第 1 版
印　　次/2024 年 9 月第 1 次印刷
开　　本/720×1000　1/16
字　　数/152 千字
印　　张/11.25

ISBN 978-7-5496-4249-6
定　　价/60.00 元

·版权所有　侵权必究·

前言

2022年年末某天晚上,正和男教师们一起加班策划B站视频。间歇休息时,打开手机收到同行好友消息三则:"听说你们幼儿园的男教师团队面临拆散啊?""不断有人离职?""据说流失严重,新管理层不喜欢男教师?"

实话实说,一开始看到这些消息是绝不能"一笑了之"的,甚至有些"触目惊心":这些消息中大部分所言几乎与现实情况背道而驰,但流言必有所源;流失现象是现状,"拆散""不断"则言过其实。安抚完好友,心情却也有些索然无味起来。

2005年,我入职D幼儿园,成了本园历史上的第五位男教师。D幼儿园是一所创办于1992年的公办幼儿园,在上海市P区开发开放的大背景下奋勇向上并成为该区第一批上海市示范园的园所——自然,这离不开时任园长前瞻性的视野及创新性的思维:敢于在20世纪90年代引入幼儿园稀缺的男性教师就是明证。改革开放后直到1992年前,上海市幼儿园教师清一色为女性,而本园在1997年就一口气引入了3位男教师。

能在当时的时代背景下引入3位男教师,离不开上海市第二幼儿师范学校"实验"性质的尝试。当时,上海市第二幼儿师范学校响应上海市教委号召,给出优先条件,从上海各个郊区招收男学生20多名,这20多位男教师就成为上海市学前教育男性"先行军"。毕业后,绝大部分男教师选择留在市区工作,极少部分男教师回到了郊区工作。当然,应聘进入幼儿园的男性教师并不完全来自上海市第二幼儿师范学校(比如上海市第一位幼儿园男教师：1992年开始工作的潘浩瀚），但大部分专业对口的供求关系背后折射出行业观念的变化。时任园长曾表述当时招入男教师的思考："我着意引进男教师从事幼教工作，出于以下考虑。我认为，幼儿教育既是细致周到的养育过程，更是全面科学的育人过程，旨在培养幼儿个性的全面发展。但现今幼儿园大多清一色均是女教师，女性在性格、气质、态度、情绪、情感、兴趣、爱好、思维方式和行为习惯等方面的特点，在一定程度上给幼儿，尤其是男孩身心的全面发展带来影响。"潘浩瀚在1993年接受媒体采访时曾说道："幼儿园需要男教师，作为第一个'吃螃蟹'的人，我不缺乏勇气，更有信心：我将有所作为！选择幼儿教育作为自己的终身职业，正是出于这一考虑。"这样的表述不仅是他自己信念的呈现，更是一种号召更多男性加入行业的愿望。这些观点在当时与其说是一种社会大众普遍接受的教育思想，倒不如说是一种"潮流"。

在我进入幼儿园工作时，处于一线带班状态的男教师只有我与学长Z——早我两年进入幼儿园的"大哥"。若干年后我才知道在我之前曾来过三位男教师，他们都在入职不久之后产生了变化——一位去了教育局；一位离职又复职，当时就职于另一所幼儿园担任行政岗位；还有一位依旧留于我园，但转为后勤管理人员。

从1996年到2005年，近十年间，曾经掀起社会舆论浪潮的上海幼儿园男教师变得"销声匿迹"。一方面，当时入职的男性教师大多处于职业生涯的新手期，还不能完全绽放自己的光彩，甚至伴随工作的深入，为数不少的男教师选择了离职；另一方面，对于幼儿园男性教师的社会需求其实并没有想象中那么大，社会大众对于男性幼儿园教师的接受度也不高。

纵览全球各国的幼儿园男性教师，可以发现这个"小众群体"的出现乃至扩大主要是伴随社会的经济水平发展而变化的。经济越发达的国家，就会愈加重视学前教育，进而关注可能帮助幼儿提升的一切因素——包括幼儿园男性教师。而对于幼儿园男性教师的研究深入，也能进一步带动社会观念的变革。当然,除了主要的社会经济发展水平之外,幼儿园男教师的发展还受很多因素影响,这也是这个"小众群体""螺旋式"上升发展的原因。

2019年,我园一线在编带班男教师数量上升至惊人的23位,占全园教职工人数的13%——上海市幼儿园男教师数量仅占总体的1%。同年,作为当时男教师团队中最年长的我申报了市级课题"基于幼儿园男教师专业成长特质的梯队进阶式发展研究"并顺利立项。开题会上,男教师们展现才艺、载歌载舞,一片欣欣向荣的光景。

如同前文所述,这个"小众群体"始终处于螺旋上升的发展——有波峰也会有谷底。从2005年我工作开始,不断听到行业内男性教师离职的信息。2006年入职P区某示范园的D老师,工作半年后,某天下午进班时可能由于环境嘈杂加上工作量较大,昏倒在地,幼儿冲出教室寻求成人帮助,之后D思考再三,离开行业;2008年入职我市J区某示范园的Y,工作两年后,家人将其送至国外进修,但与学前教育毫不相关;在我就读华东师范大学学前教育专业时,还有两位男同学,但毕业时都没有选择幼儿园作为自己职业生涯的起点……在众多的离职、流失的"故事"中,最让我印象深刻的是Z。2013年,教龄二十多年的Z决定离职,作为朋友的我收到了他的一封告别E-mail。邮件中写道:"觉得太累,或许是自己想得太多,不管怎样还是认识了大家,很高兴。""这么多年看得多了,听得多了,收获少而失去和烦恼多。""本以为自己是时代的弄潮儿,殊不知仅是一只小白鼠!一声叹息!"即使到了2022年,仍有曾获得上海市中青年教师教学评选活动一等奖的男教师离职,让人不禁扼腕。回溯这些案例,每个人离开的原因是复杂的。除了上文所提到的,还包括许多个人原因(是否适合加入行业等),或一些意外的客观因素。

2022年,本课题即将结项,我园男教师团队数量降为18位。表面上来看流失了5位,但情况还并不是那么简单:三年间,共进入男教师4位,离职男教师9位。如果将年限拉长,从2005年至2022年,17年间,共进入男教师

31位(含已入幼儿园的男教师),离职男教师13位,流失比达到42%。

仔细分析这13人的离职原因,除两位外(一人因个人原因,一人因进阶上升),其他皆因更高的薪酬离职(11人,占比85%)。

这些数据与分析男教师现状的研究数据不谋而合。首先是薪酬待遇:客观上,男性在社会中承担了更大的责任和压力,尤其是在家庭中往往承担着经济支柱的角色。幼儿园男教师并没有因为其性别差异而获得比幼儿园女教师更高的经济收入(尽管部分幼儿园或区域教育局给予幼儿园男教师一定的额外工资补充,但受制于各种因素,这些补充无异于"杯水车薪"),而幼儿园教师本身的薪资水平比起其他学段的教师而言也明显较低。投身于教育事业本就是一个"厚积薄发"的过程,从从教开始到逐步增加收入的过程对绝大部分男性教师而言太过于漫长。收入多寡也影响了他们的恋爱婚姻状况和家庭地位,而经济压力以及随之产生的心理压力等让男幼教无奈选择离开或根本不敢进入这个行业。这也是造成幼儿园男教师缺失和流失的最重要原因。其次是社会大环境对于男性的期望:自古以来,受封建等级观念和父权文化的影响,对于某些职业,人们仍存在着一定的性别隔离观念,比如幼儿园教师、保姆、护士等。其主要原因在于,男性在人们心目中的期望值与这些职业本身的形象不符,因此当这样的"跨行"发生的时候,被戴着有色眼镜看待的男教师们自然难以为继了。同时,普遍性的观点如男性比较粗心、缺乏耐心、不太会与幼儿相处等等,对于幼儿园男教师天生就抱有不信任的态度。Wei.Zhang(2017)描述自己初次成为幼儿园男教师的时候,连自己都对自己的粗心不满,认为自己不能胜任成为一名"合格的幼儿园教师"。当然之后,靠着教学经验逐步弥补了自己这方面的弱势。但不可否认的是,先天性的不足影响了外界甚至于男教师个体本身对于幼儿园男教师的看法。总之,社会认可程度低,男教师本身的职业自尊心受到打击,成了缺失或流失的原因之一。

而幼儿园男教师的薪金报酬与其计划工作年限、感觉受关照程度、对园

所发展的信心之间的皮尔逊系数相关:

幼儿园男教师薪金报酬皮尔逊系数表

	专业水平	婚姻状况	计划工作年限
喜欢工作程度	.450*	-.369*	.381*

从结果可见,受访男教师的薪金报酬与其计划在学前教育工作的年限相关但不显著,皮尔逊系数为0.359,双尾检验的显著性为0.05;与感受到关照程度相关且显著,皮尔逊系数为0.498,双尾检验的显著性为0.01;与园所发展的信心相关且显著,皮尔逊系数为0.463,双尾检验的显著性为0.01。这一结果表明,薪金报酬在一定程度上会影响男教师在学前教育的工作时间,同时相对提高的薪金报酬会让男教师感觉受到了特别的关照,也会提高其对幼儿园未来发展的信心。除了薪酬以外,我们也能发现,对于男教师的特别关照以及对幼儿园或自己未来发展的信心,也是影响其发展的重要前提因素。(以上摘自《幼儿园男教师职业生存状态的现状调查及专业支持的实践研究》,王菁,2015)对不同的男性个体而言,究竟是"薪酬提高"还是"对未来发展的信心",抑或两者兼而有之,才能提升他们的"职业安全感",就变得因人而异了。

从本质上来说,自从"幼儿园男教师"这一特殊群体出现之后,在全球范围内,关于他们的流失与离职问题就一直非常凸显。2015年上海市教委对全市幼儿园男教师数量统计显示,幼儿园男教师占幼儿园总教师数的1%。在全国范围内,部分城市甚至由于不受重视的关系,幼儿园的男教师比例还没有获得有效的统计。尽管在全球范围内各国男教师比例普遍不高(如美国2017年幼儿园及学前班中男教师比例为2.2%;意大利为1.1%;日本为3.1%等),但我国男教师数量比起部分发达国家而言(如荷兰12.7%;冰岛7%等——美国劳动技术局官网)更少。Rentzou(2009)根据官方数据指出,早在1996年欧洲学前教育管理委员会(The

European Commission Network on Childcare)根据学前教育男女教师现状，提出在十年内（至2006年）将幼儿园男教师所占比例提升至20%，但经过了十多年的努力，挪威仅获得了9%的结果，丹麦和西班牙也仅达到了8%，有些国家甚至未获提升，反而略微降低了比例，没有一个欧洲国家达到了20%的指导线。而在美国，从2007年至2016年，这个比例没有任何增长。关于幼儿园男教师缺失或流失现象的相关研究，几乎占据了所有研究当中的20%（知网数据）。从下图中可以看到，发达国家中幼儿园男教师数量的变化也是吻合这一趋势的：

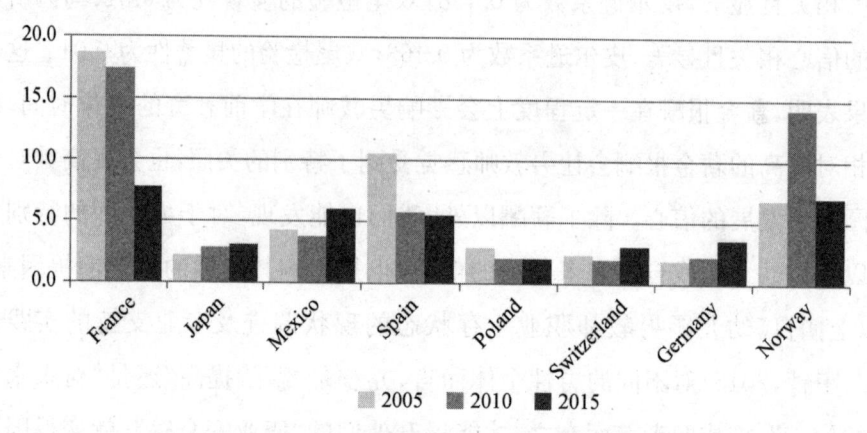

部分国家幼儿园男教师不同年份比例柱形图

可见，即使政策鼓励，幼儿园男性教师发展情况仍然会面临较多的流失、缺失现象。

截至本书出版之前，我国幼儿园男性教师的数量仍然在不断提升。从我个人的观感而言，无论是在北京、江浙、深圳，幼儿园中男教师在过去十多年间肉眼可见的增多了：北京的优质幼儿园里一定会有男教师，部分幼儿园中也有两位数的男性教师；江浙一带"幼儿园男教师联盟"在各个城市间层出不穷；作为近年来经济迅猛发展的广东深圳自不必说，即使在经济发展相对较弱的省份，如内蒙古、广西等地，幼儿园里的男教师也并不鲜见。在上海市P区，2022年专任教师中男性教师的比例为1.7%，但教师总体数量比起二十年前增长了近四倍。

男教师在学前教育中的数量提升离不开社会经济的发展,更离不开人们对于男性在学前教育中所起到积极影响的认识。如何最大化男教师在行业中的积极作用？首先应当要考虑的是如何缓解其流失、缺失的现象——稳定发展的群体才是积极提升的前提与保障。本书前半段尝试解决的即这个关键问题。

而在本书的后半段,则是在"稳定发展"的前提下,进一步考虑最大化男教师在学前教育行业中的作用。

在进行课题研究的过程中,我们渐渐发现:如同"集聚效应",男教师往往会在某一所幼儿园中集聚起来——在相关的问卷调查中,超过40%的受访对象所处幼儿园有超过三名男教师。因此在理论结合实践的思考过程中,针对这一现状,渐渐建立起了更利于幼儿园男教师这个"小众群体"的"蜂巢模型"。

"蜂巢模型"历经数次更改和优化:从无到有,从平面到立体。其主要核心思想在于,蜂巢内部的每一个六边形都是相接的,达成稳固的结构更需要让每一条边都尽可能地相接;若当中有六边形缺失的话,其他六边形只要还有边界联结,就不至于让整个蜂巢坍塌;同时,某个六边形各条边(即对应各项能力)越强,则联结越牢固。从理论模型角度来看实际做法,得到了相当高的吻合度,且指引着我们今后努力的方向,即进一步加强各个"六边形"的能力,并增加联结的数量。

本书后半段所建立的发展模型是基于"幼儿园男教师专业发展特质"的研究之上的,不仅对男教师发展提出建议,模型在一定修改后也能对幼儿园女教师团队的发展提供思路。

希望本书能为学前教育中的"小众群体"及其关切者带来鼓励,并明确未来发展方向。

刘树樑

目录

前言 ·· 1

一 问题的提出 ·· 1
（一）核心概念界定 ·· 3
（二）研究背景及价值分析 ·· 4
  1. 研究背景 ·· 4
  2. 价值分析 ·· 5
（三）相关研究综述 ·· 6
  1. 围绕"幼儿园男教师"的相关综述 ·· 6
  2. 围绕"教师专业成长特质"的相关综述 ·· 16
  3. 围绕"幼儿园教师梯队进阶式发展"的相关综述 ·· 22
  4. 文献分析与评析 ·· 23

二 研究概况 ·· 29
（一）研究目标 ·· 29
（二）研究对象 ·· 29
（三）研究内容 ·· 30
（四）研究方法 ·· 31
  1. 文献法 ·· 31

2. 问卷法 …………………………………………………… 32
　　3. 访谈法 …………………………………………………… 32
　　4. 内容分析法 ……………………………………………… 33
　　5. 文本分析法 ……………………………………………… 34
　　6. 行动研究法 ……………………………………………… 35
（五）研究路径 ………………………………………………… 35
　　1. 准备阶段 ………………………………………………… 35
　　2. 实施阶段 ………………………………………………… 35
　　3. 总结阶段 ………………………………………………… 36

三 研究结果 ………………………………………………… 38
（一）幼儿园男教师专业成长现状及主要影响因素 …………… 38
　　1. 上海市幼儿园男教师基本情况 ………………………… 38
　　2. 上海市幼儿园男教师专业成长现状 …………………… 42
　　3. 影响幼儿园男教师专业成长的因素 …………………… 46
（二）幼儿园男女教师专业化发展的比较研究 ………………… 51
　　1. 相同阶段男女教师专业成长特质的比较 ……………… 55
　　2. 不同阶段男女教师专业成长特质的比较 ……………… 64
　　3. 相同阶段男女教师专业成长路径的比较 ……………… 70
（三）幼儿园男教师专业成长的特质 …………………………… 70
　　1. 男教师专业成长特质的进一步确立 …………………… 71
　　2. 幼儿园男教师专业成长阶段与路径 …………………… 96
（四）基于幼儿园男教师发展特质的梯队进阶式发展的行动研究 … 99
　　1. 幼儿园男教师梯队进阶式发展的行动研究 …………… 100
　　2. 幼儿园男教师梯队进阶式发展的行动改进研究 ……… 106
　　3. 促进幼儿园男教师梯队进阶式发展模型的机制优化 … 117

四 研究成效 …………………………………………………………… 127
（一）访谈分析成效 ………………………………………………… 127
  研究过程 ……………………………………………………… 128
（二）模型价值分析 ………………………………………………… 132
  1. 蜂巢梯队进阶发展模型有利于男教师个体发展 ………… 132
  2. 蜂巢梯队进阶发展模型有利于男教师群体发展 ………… 134
  3. 蜂巢梯队进阶发展模型有利于男教师团队的稳固 ……… 136
（三）实践工作成效 ………………………………………………… 137

五 研究反思 …………………………………………………………… 140
（一）研究过程的反思——从新手向全方位成熟迈进 …………… 140
（二）后续研究的展望——以遗憾为动力的接续奋斗 …………… 141
（三）研究成效的邃思——共创未来过程中的思与行 …………… 142

参考文献 ………………………………………………………………… 147
附录一　幼儿园男教师专业成长现状及影响因素的调查研究问卷 …… 151
附录二　不同年龄段男女教师专业发展比较研究访谈提纲 …………… 157
附录三　男教师专业成长发展特质研究访谈提纲 ……………………… 159
附录四　幼儿园男教师蜂巢梯队进阶发展模型成效访谈设计 ………… 161

图表索引

表1 教师专业成长特质文献检索表 ………………………………… 17
表2 2021年研究团队所在幼儿园男性教师样本信息 ……………… 30
表3 幼儿园男教师蜂巢梯队进阶发展模型评价访谈对象详细情况 …… 33
表4 "男女教师专业发展比较研究"内容分析法分层随机取样情况表
    ………………………………………………………………………… 34
表5 教师专业——课堂教学、教学设计能力评分表 ……………… 53
表6 幼儿园男女教师比较研究内容分析法肯德尔和谐系数检验统计
    ………………………………………………………………………… 54
表7 男教师专业成长发展特质研究专业能力词频百分数(％)1 …… 75
表8 男教师专业成长发展特质专业能力词频百分数(％)2 ………… 77
表9 男教师专业成长发展特质专业能力高频词梳理 ……………… 79
表10 男教师专业成长发展特质研究访谈对象教龄及搭班教师情况 …… 82
表11 男教师专业成长发展特质专业情感词频百分数(％) ………… 84
表12 不同阶段幼儿园男教师专业成长关键词 ……………………… 96
表13 蜂巢梯队模型运行的机制表 …………………………………… 107
表14 蜂巢梯队进阶发展模型专业维度关键词频次 ………………… 131

图1 知网2006年至2021年"幼儿园 男教师"关键词的发表年度趋势
    ………………………………………………………………………… 7

图 2　2019 年以关键词"幼儿园 男教师"检索结果中的占比(知网) …… 12
图 3　研究路径图 ………………………………………………… 37
图 4　幼儿园男教师年龄百分数(%) …………………………… 38
图 5　幼儿园男教师教龄百分数(%) …………………………… 39
图 6　幼儿园男教师职业年收入百分数(%) …………………… 39
图 7　幼儿园男教师配偶职业分布百分数(%) ………………… 39
图 8　幼儿园女教师配偶职业分布百分数(%) ………………… 39
图 9　幼儿园男教师自评专业能力的平均数比较 ……………… 43
图 10　幼儿园男教师压力来源的百分数(%) …………………… 43
图 11　幼儿园男教师部分观点的平均数比较 …………………… 44
图 12　幼儿园男教师选择本职业原因百分数(%) ……………… 47
图 13　成为一名好老师的最重要因素平均数比较 ……………… 47
图 14　男教师心目中职业的社会地位排序平均数比较 ………… 48
图 15　男教师社会经济地位自评百分数(%) …………………… 48
图 16　各阶段幼儿园男女教师专业知识、专业能力总分比较 … 56
图 17　幼儿园男女教师(新手期)专业知识能力总分比较图 …… 57
图 18　幼儿园男女教师(发展期)专业知识能力总分比较图 …… 57
图 19　新手期幼儿园男女教师四年"发展目标"统计比较图 …… 65
图 20　新手期幼儿园男女教师四年"具体措施"统计比较图 …… 65
图 21　发展期幼儿园男女教师四年"发展目标"统计比较图 …… 67
图 22　发展期幼儿园男女教师四年"具体措施"统计比较图 …… 67
图 23　成熟期幼儿园男女教师四年"发展目标"统计比较图 …… 68
图 24　成熟期幼儿园男女教师四年"具体措施"统计比较图 …… 68
图 25　男教师专业成长发展特质专业能力的词频统计 1 ……… 75
图 26　男教师专业成长发展特质专业能力的词频统计 2 ……… 79
图 27　男教师专业成长发展特质专业情感的词频统计 1 ……… 85
图 28　男教师专业成长发展特质专业情感的词频统计 2 ……… 87

图29 幼儿园男教师专业发展特质示意图 ············· 98
图30 蜂巢梯队进阶模型个体六要素示例 ············· 101
图31 幼儿园男教师蜂巢梯队进阶关系 ··············· 105
图32 蜂巢模型改进后的六大能力维度 ··············· 109
图33 专业理念不断加强的过程示意 ················· 111
图34 不同发展阶段图示 ··························· 111
图35 代表男教师个体的"蜂窝块" ··················· 111
图36 旧蜂巢模型过渡至新蜂巢模型的演变示例 ······· 112
图37 优化后的幼儿园男教师蜂巢梯队进阶模型 ······· 113
图38 优化后的幼儿园男教师蜂巢梯队进阶模型辐射影响图 ··· 114
图39 优化后的幼儿园男教师蜂巢梯队进阶模型的"不稳定因素" ··· 115
图40 "伙伴式"团队带教关系图 ····················· 120
图41 男教师团队管理人员架构图 ··················· 123
图42 男教师团队"蜂巢养护式"管理网络架构图 ······· 124

一 问题的提出

随着我国学前教育事业的发展,男性从事幼儿园行业的数量逐年增长。各地不仅推出了利好男性从事幼教的政策,社会舆论也呼吁更多男性加入幼儿园。自1993年上海出现了第一位男性幼儿园教师之后,全市幼儿园男教师的总体数量也渐渐增长。男性教师的出现,为这个行业注入了新活力,积极影响了行业发展;对于园所管理、专业发展等方面,也提出了新的挑战。而本研究团队所在的D幼儿园为上海市最大的一所公办幼儿园,截至2019年,男性幼儿园教师的数量为25名,也是全市男性幼儿园教师数量最多的一所公办幼儿园。这为开展相关幼儿园男教师的研究奠定了基础。

然而在幼儿园男教师发展的过程中,不断遇到各种问题。对男教师个体而言:我的专业前景如何?我和同事应当如何相处?我的教学风格如何把握?如何在教学中凸显自己的性别特质?如何处理自己在特殊环境中发展所遭遇的消极因素和情绪?……而作为园所管理的决策群体,幼儿园男教师的存在对园所文化营造和教师队伍建设而言同样是一个挑战:男教师的专业发展和女教师相比有什么不同?是否需要将男教师在教师梯队建设中置于一个特殊的位置?除了日常教学工作之外,男教师还可如何进一步发挥自己的优势?……而当幼儿园中不仅只有一名男教师甚至形成一定群体规模时,新的问题又将持续产生。毕竟,这个小众群体不仅"小",还特别"新潮"——可供参考的经验实在较少。

当将视野扩大至别的学段,我们会发现,在基础教育中,学生年龄段越小,男性教师的比例就会越小。那么是否能在小年龄段学生相关的男性教师研究中寻找借鉴经验呢？

答案是没有明显的借鉴作用。我们发现在小学阶段针对男性教师的研究不少，但可供参考的内容不多。造成这一现象的原因大致有这几点：幼儿园和小学的课程设置大相径庭——小学阶段的分科设置使得学科本身筛选了部分性别，而幼儿园则没有明显的分学科设置，每一位教师都等同于全科教师；幼儿园和小学对于课程标准和教师评价的设置截然不同——幼儿园没有如小学一般非常明确的课标，评价教师的方式也不尽相同，这使得男性教师在发展过程中所面临的挑战截然不同；幼儿园和小学的班级管理模式不尽相同，幼儿园更注重保育和教育融合的教育方式，老师和幼儿在班级中共处的时间更长，而小学的班主任会更多关注同一个班级内学生的学习情况。种种客观条件的不同，让能够进行借鉴或迁移的经验变得极少。

即使研究者所在园所，在本课题立项所在年已有超过22年的男教师培养经历（1997年至2019年），但相关经验并未上升至规律或可供推广的高度。这一方面是由于早期的男教师样本数量较少，在职情况变化较大；一方面也是由于并未开展科学的、持续的科学研究。尤其是前者带来的影响更大：1997年引入3名男教师，1998年其中一名男教师调离，2000年另一名男教师离职，2002年仅剩的一名男教师转入后勤岗位。直到2003年，我园才又招入一名男教师……2011年前在一线带班在编的男教师为3名。因此，在20多年的培养过程中，前14年并不具备围绕男教师的研究条件，也并未积累足够的经验。

但在2011年后，我园男教师数量迎来井喷：从2011年招入4名男教师开始，到2019年共进入近30名男教师。男教师数量的增加给园所发展带来了新的生机，为教师梯队建设和教师专业发展也提供了更多样本和思路。在发展过程中，自然也产生了不少问题。

结合区域内幼儿园男教师的发展现状及本园男教师发展现状，经过梳理，目前待解决的问题主要是两个，即：

- 如何稳定及促进幼儿园男教师的发展？
- 在同一所幼儿园或同一区域内，男教师数量超过一定规模形成团队时，园所管理模式、梯队发展建设该如何设置才能更进一步推动其发展？

第一个问题的解决须分析目前男教师的发展现状，并对影响幼儿园男教师专业发展的因素做初步的剖析。

第二个问题的解决须先找寻幼儿园男教师在专业发展中呈现出的与女性教师所不同的特质，根据其特质来形成梯队发展的模型，进而建立相关机制和策略等。

上述在课题立项之初所设定的研究顺序，基本在课题实施过程中得以实现，部分研究内容随着课题开展有小部分的微调。

（一）核心概念界定

1. 幼儿园男教师：指在幼儿园从事一线教育教学工作并担任班主任的全职男性教师。

2. 特质：一般指事物特有的性质或品质。在心理学领域，是指从个人行为的总体归纳推理得到的一个人所具有的稳定、持久的心理特征。

3. 教师专业成长特质：是指教师在专业成长的过程中所表现出的，能对其专业发展产生影响的特点、特征与特色。包括专业知识、专业能力、专业理想、专业理念、专业归属和抗专业倦怠六方面：

（1）专业知识：指导解决教育教学实践中问题的经验。包括通识知识、各领域学科知识、保育知识。

（2）专业能力：胜任幼儿园教师所需要具备的能力，本文中包括课堂教学能力、科学研究能力、教育教学设计能力、与人交往能力。

（3）专业理想：教师对于未来教师生涯的预见和期望。

（4）专业理念：教师长期蕴蓄和形成的教育专业价值取向和专业的追

求。包括教育主张、教育信念、教育原则。

（5）专业归属：教师在工作中感觉被别人或被团体认可与接纳时的感受。缺乏归属的教师容易对自己的工作缺乏激情，责任感也会相对减弱。

（6）抗专业倦怠：长期从事某种专业，渐渐产生一种疲惫、困乏，甚至厌倦的心理，在工作中难以提起兴致，只是依照一种惯性来工作，我们一般称之为专业倦怠。而"抗专业倦怠"则为"专业倦怠"的反向，指抵御专业倦怠的能力。

4. 教师梯队进阶式发展：指团队内部以教师专业成长特质作为框架和依据进行分层，并为每一层次的教师个体设立不同的发展目标和策略；同时，每一层次（及其内部个体）随着发展的目标和进程产生阶梯式、动态化的发展和提升。

（二）研究背景及价值分析

1. 研究背景

本项研究的立项时间正值学前教育蓬勃发展、男性幼儿园教师数量井喷时期。2005 年，我国幼儿园专任教师 72.16 万人，其中女性 70.91 万人，占总数的 98.27%[①]，而到了 2020 年，我国幼儿园专任教师为 291.34 万人，其中女性 284.86 万人，占总数的 97.78%[②]。十五年间，男性幼儿园专任教师数量从 2015 年的 1.25 万人升至 7 万人，比例从 1.73% 上升至 2.22%。而在上海，2015 年上海市教委发起的一项调查显示，幼儿园男教师约占幼儿园教师总人数的 1%，按教职工总人数 4 万人，幼儿园男教师数量约为 400 人左右。同时，在市级层面的各类教学竞赛中，幼儿园男教师们纷纷崭露头

[①] 中华人民共和国教育部发展规划司.中国教育统计年鉴 2005[M].北京：人民教育出版社，2006：6.

[②] 中华人民共和国教育部发展规划司.中国教育统计年鉴 2020[M].北京：中国统计出版社，2021：6.

角;近年来,上海幼儿园特级教师队伍中也出现了第一位男性。一方面而言,迅速增长的幼儿园男教师数量,代表着学前教育事业的蓬勃发展,也为不断改革中的幼儿园课程注入了新思想和新力量;从另一方面而言,各园所增加的幼儿园男教师也给幼儿园管理、教师专业发展、儿童发展等带来了新挑战。

本研究团队立足的幼儿园从1996年开始引进幼儿园男教师,如今他们的数量约占总数的10%。在二十多年的发展过程中,具备了一定的研究基础。

2. 价值分析

本项研究不仅能在理论上补充并丰富幼儿园男教师专业成长相关领域研究,更具有以下两方面的研究意义:

(1) 有利于促进幼儿园男教师个性化专业成长

幼儿园男教师,尤其是入职初期的男教师面临着专业成长的诸多问题,如教学风格如何形成、性别优势如何发挥、与周围的女教师如何共事等,但影响专业发展最大的问题是不明确自身的发展方向、定位与规划。在全球范围内幼儿园男教师比例不高,而涉及幼儿园男教师专业成长的研究与实践更不多。相对而言,这个"小众"群体几乎始终处于零散分布的状态,每一个群体中的个体都在摸索前行,受周围环境的影响,专业发展的道路也各不相同。幼儿园男教师应充分了解自身,挖掘专业成长特质,并在此基础上走出适合自己的个性化专业发展之路。本研究以分析男教师个体的专业成长特质作为基础,作为依据,对男教师进行个性化分层,为每一层个体制定不同的发展目标和策略;同时尊重每一个男教师发展的速率,允许不同层次的男教师个体"进阶";同一层次的男教师有合作也有良性竞争。这样的发展模式让幼儿园男教师的个性化专业成长定位更精确。

(2) 为幼儿园管理者提供男性团队管理的有益建议

近年来,随着幼儿教育的不断发展,各级各类幼儿园开始逐渐意识到男教师在幼儿园教育中的积极作用,并逐步引进优秀的男教师资源。幼儿园男教师不仅在社会形象、家庭责任、被关注度、思维方式、教学风格、互动交往等方面显示出自己的独特之处,更在专业成长路线上显示出特质。但以女性为主体的管理者,缺乏专门针对男教师的管理策略和专业发展支持经验,已有以女教师为基础建立的管理经验不能简单套用于男教师群体。这样的管理状态无论对园所自身的发展、男教师的发展甚至相关女性教师的发展来说都是不利的。本研究基于一个成熟的男教师团队及园所,涉及的相关环境营造、管理策略、制度建设等,可在一定程度上为正在摸索中的幼儿园男教师团队管理提供一定的借鉴和参考,使幼儿园男教师的专业成长与幼儿园教育质量的优化呈现"双赢"局面。

(三)相关研究综述

本研究立足于"幼儿园男教师的专业成长特质"寻求团队发展的最优解,相关研究综述主要围绕"幼儿园男教师"的"专业成长特质"。通过检索发现并无"幼儿园男教师专业成长特质"这一结果,故将研究综述拆分成三个部分:"幼儿园男教师""专业成长特质"和"教师梯队发展"。

1. 围绕"幼儿园男教师"的相关综述

研究者在中国知网上以"幼儿园 男教师"为主题作为检索项,查阅了2006年1月到2021年12月的文献,共检索到977篇文献,有效文献460篇,其中学位论文195篇,期刊文献(含报刊)261篇;也通过检索谷歌学术获得了部分有价值的国外相关论文。

通过梳理,发现主要研究内容可分为以下六类:

(1) 关注幼儿园男教师入职现象的相关研究

国内相关文献多见于20世纪90年代,也是最早对幼儿园男教师开展的研究。朱旗(1993)在"幼儿园里的男教师——访上海市宋庆龄幼儿园男教师

一 问题的提出

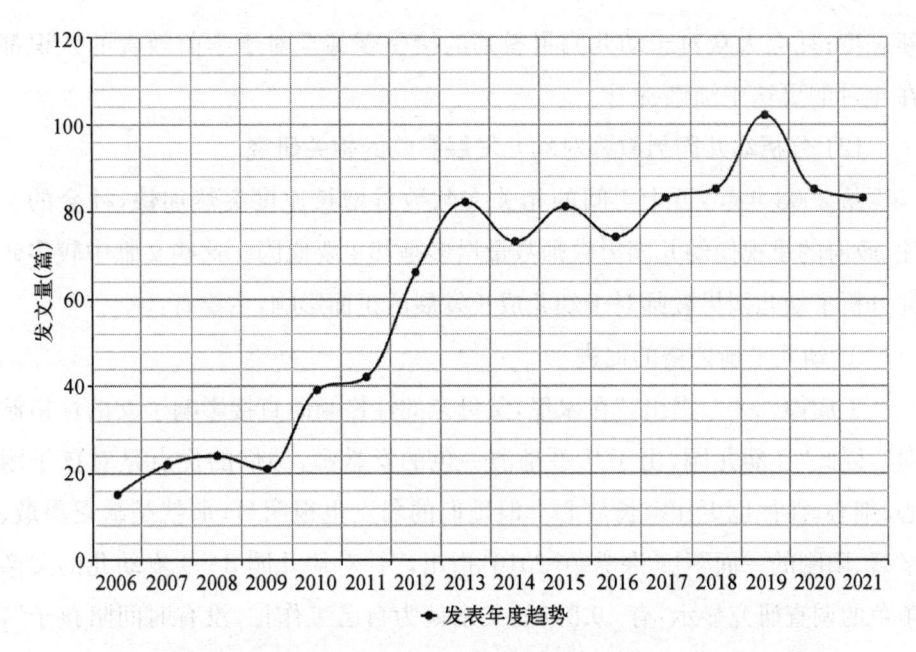

图 1 知网 2006 年至 2021 年"幼儿园 男教师"关键词的发表年度趋势

潘浩瀚"一文中首次关注了"幼儿园男教师"这一特殊群体[①]。自此之后,报纸、杂志多次刊载了相关"男阿姨""男幼师"的文章:1996 年前后,在上海"二幼师"毕业的一群幼儿园男教师被《新民晚报》等媒体报道过多次;从全国范围来看,"男阿姨""男园长"这类新闻报道或记叙性文体也层出不穷。这些报道往往直接从幼儿园男教师的实际生活展开,对于他们的生存状态进行了生动描述,字里行间往往包含了积极的期待态度。此类文章多以第一人称或第三人称描述个案,挖掘深度、学术含量并不高,对幼儿园男教师群体的共性"研究"不足。尽管如此,从 2020 年以后的师范学校学前系招生状况(男生数量越来越多)来看,这些以媒体报道为主流的文字对幼儿园男教师的发展无疑做出了巨大的贡献:社会大环境逐步开始接纳"男幼教",使男性进入幼儿园的门槛变得不那么"高不可攀";越来越多的男性学生及其家长也开始关注这一本来不受关注的专业,并逐渐形成愿意接纳的

---

① 朱旗.幼儿园里的男教师——访上海市宋庆龄幼儿园男教师潘浩瀚[J].师范教育,1993(9):40-41.

新态度;社会大众对于幼儿园男教师的接受度甚至对于学前教育的认识都在年月的更迭中渐渐提升。

(2) 分析幼儿园男教师对幼儿发展影响的相关研究

从2008年起,近十年间的相关文献数量增长速度突然加快,社会的关注、政府的重视使幼儿园男教师数量增多是其主要原因。这些文献中较多研究分析了幼儿园男教师对于幼儿成长发展的正面影响,主要有:

① 幼儿平衡性格的促进

王成德(2007)提出,"在家里,父母亲的性格倾向直接影响子女的性格倾向",因此"在幼儿园,由于几乎是清一色的女教师,她们的优点是对孩子耐心、细心,往往也更让家长放心。但她们的弱点也很明显,那就是缺乏勇敢、坚毅、阳刚的一面"①。许璐颖(2016)指出,"针对幼儿园3—6岁幼儿的父亲角色的调查研究显示,有50.8%的父亲认为自己工作忙,没有时间陪孩子","父亲缺位"现象表现为"父亲投入的时间少","父亲在陪伴幼儿的过程中投入质量不高"②。李巧萍(1999)指出,"因为一般男教师所特有的性格、特征,尤其是兴趣、爱好、思维方式、处事方法等,对幼儿成长的影响和作用与女教师不同,也是女教师所不能直接代替的"③。

② 幼儿健康体格的促进

范勇(2011)指出,在"运动方面,幼儿园男教师体现了他们的优势"④。不少男性进入幼儿园成了专职体育老师,在幼师资源缺乏的我国部分地区,甚至出现了男性体育老师"租赁"的现象(男性体育教师不专属于某一所幼儿园而错开不同时间段进入不同幼儿园任教),这些现象也从侧面反映了幼儿健康体魄的发展需要幼儿园男教师的介入。李奕(2014)提出,"男教师介入

---

① 王成德.幼儿教师性别对幼儿心理发展的影响研究[J].科技信息(科学教研),2007(23):192+212.
② 许璐颖,周念丽.学前儿童家长亲职教育现状与需求[J].学前教育研究,2016(3):57-66.
③ 李巧萍.应重视培养和任用幼儿园男教师[J].现代教育论丛,1999(2):58-61.
④ 范勇.成都市幼儿园男教师生存状态调查研究[D].成都:四川师范大学,2011:16.

幼儿体育游戏对幼儿的智力发展、社会性发展都有积极作用"①。蔡志刚(上海市闵行区学前教育教研员)正在进行的一项研究表明,男性主导的体育集体活动后,幼儿的出汗率、心率等体育评价指标,比起女教师主导的相关活动显得更有效。这对于幼儿的体格、健康的促进无疑是有益的。

③ 幼儿社会化的发展

Wei.Zhang(2017)阐述了在幼儿社会化发展方面,幼儿园男教师们体现出了有别于女性教师的独特作用。男性特质本身的心理社会行为模式,使他们在陪伴幼儿游戏的过程中,对幼儿自我认同、社交需要的满足、社交行为技能的提高起到了与女教师不同的作用。男女教师结合的教育行为,有助于幼儿社会化能力更为平衡、顺利地发展②。李奕(2014)也提出,"……(男教师)对幼儿心理健康、个性形成也起到促进作用"③。

④ 幼儿性别意识的启蒙

王永峰(2007)在幼儿园男教师角色职能的研究分析中指出,幼儿性别意识的形成始于小班、中班年龄段,在这段关键时期里,男教师和女教师分别取代了父亲和母亲的性别角色,成了幼儿观察模仿的对象,在以女性教师为主导的班级中,可能会导致男童的女性化倾向,或因为难以与女教师认同而产生的心理焦虑和攻击性行为,而男性教师的介入有助于规避此类风险,也更有利于男童性别意识的健康启蒙④。索长清(2014)在分析了幼儿园教师与社会性别认知后指出,如果能够发挥男教师的性别教育优势,不仅有利于孩子完整人格的培养,而且对幼儿性别的形成也具有积极影响⑤。

---

① 李奕.谈幼儿园男教师在体育游戏中的教育价值[J].教师,2014(24):57.
② Wei, Zhang. Male Teacher in Early Childhood Education: Why more men? A Review of the Literature[J]. Culminating Projects in Child and Family Studies.18. 2017.
③ 李奕.谈幼儿园男教师在体育游戏中的教育价值[J].教师,2014(24):57.
④ 王永峰.关于幼儿园男教师角色职能的研究[D].长春:东北师范大学,2007:13.
⑤ 索长清.幼儿园男教师的职业困惑——基于社会性别理论的视角[J].早期教育(教科研版),2014(9):24-26.

(3) 促进幼儿园男教师成长的相关研究

① 专业成长方面

围绕影响男教师专业成长的因素及促进男教师专业成长两点,众多研究者列出了自己的观点。刘宣(2006)认为,"来自社会文化的某些因素直接影响着幼儿园男教师的生存与发展"①;李姗泽(2008)认为,男教师的专业成长是"困境中的自我专业发展",并应通过"自我反思"和"关键事件决策"两方面抓住自我专业成长的关键点②;王平(2014)则聚焦了"个人环境"因素和"组织环境"因素两方面③;Wei Zhang(2017)认为,"男性的自我认知、管理者和培训者的支持、成就感的获得三方面因素共同影响了男性幼教工作者的专业发展"。这方面文献对于幼儿园男教师的参考作用不言而喻,然而数量较少,这些文献对于男教师专业成长方面的阐述也基本属于理论上的界定,多数只处于经验总结的层面,涉及的广度和深度不够。

② 管理措施方面

幼儿园对于男教师的管理及定位也是影响到幼儿园男教师发展的重要原因。但这方面的相关研究相当少,更多的是在呼吁幼儿园管理层应当综合考虑男教师本身的发展特质来为其度身打造一套管理措施。经年累月的幼儿园实际管理情况,一直是以女性为主导、以女性为管理对象,对零星的男教师或男教师团队基本不适用。男教师数量的增多对以女性为主体的管理层形成了极大挑战。毛美娟(2011)提出,应当在幼儿园男教师刚入职时就与其沟通,并共同商议将来独特的发展路线和前景,教师和园方共同为达成目标而努力奋斗,这给了男性教师一个明确的职业前景,使学前教育成了"一个事业"。这至少在防止男教师流失方面起到了作用,同时也不失为一种有效的管理尝试④。

---

① 刘宣.幼儿园男教师专业发展个案的叙事研究[D].上海:华东师范大学,2006:14.
② 李姗泽、史晓波.男幼儿教师在困境中的自我专业发展[J].学前教育研究,2008(2):28-30.
③ 王平.幼儿园男教师专业发展的叙事研究[D].西安:陕西师范大学,2014:44.
④ 毛美娟.涓涓细流沁东方[M].上海:上海书店出版社,2011:132.

显然，幼儿园管理人员（通常是园长）如何看待男性教师的作用会深刻影响男教师在职业中的发展。随着学前教育的发展，男性教师的增多，不少园长都产生了希望招入男性教师的想法。但有的园所并未思考后续男教师的发展或缺乏相应的培养手段，使得男性教师成了园所中的一个"漂亮摆设"，并未达到最佳的"双赢"效果。

(4) 男教师对幼儿园发展影响的相关研究

这方面的研究不多，以王永峰(2007)的研究为代表，主要从男教师与"幼儿园工作管理""幼儿园教育工作"两方面进行论述。男性有别于女性的思维特质以及男性本身的体格和力量，在一定程度上形成了与女教师的优势互补，使工作变得更为有效；而不同的思维方向，往往在与女性进行交流沟通的过程中迸发出了不同的思维火花，促进了幼儿园尤其是教研工作的创新与增强，有助于幼儿园平均专业化水准的进一步提升，也有助于师资队伍更有效的建设①。

在幼儿园相关实际事务中，也时常会听到女性教师反映男性教师与她们的"视角、想法不同"。但我们仍然认为，所谓男性有别于女性的思维特质或思考深度，并未在学前教育的事务中明确地凸显，仍需有科学的工具做进一步研究。

(5) 幼儿园男教师缺失或流失现象的相关研究

2015年上海市教委对全市幼儿园男教师数量统计显示，幼儿园男教师占幼儿园教师总数的1%，在全国范围内部分城市甚至由于不受重视的关系，幼儿园的男教师比例还没有获得有效的统计。尽管在全球范围内各国男教师比例普遍不高(如美国2017年幼儿园及学前班中男教师比例为2.2%；意大利为1.1%；日本为3.1%等)，但我国男教师数量比起部分发达国家而言(如荷兰12.7%；冰岛7%等——美国劳动技术局官网)更少②。Rentzou

---

① 王永峰.关于幼儿园男教师角色职能的研究[D].长春：东北师范大学,2007：13.
② Labor Force Statistics from the Current Population Survey [DB/OL]. [2022 - 04 - 01]. https://www.bls.gov/cps/home.htm#charemp.

(2009)根据官方数据指出,早在1996年欧洲学前教育管理委员会(The European Commission Network on Childcare)根据学前教育男女教师现状,提出在十年内(至2006年)将幼儿园男教师所占比例提升至20%,但经过了十多年的努力,挪威获得了9%的"好成绩",丹麦和西班牙也达到了8%,而其他国家有的甚至不升反而略微降低了这个比例,没有一个欧洲国家达到了20%的指导线①。而在美国,从2007年至2016年,这个比例没有任何增长。

一方面,男教师缺失现象是几乎所有幼儿园所面对的问题;另一方面,有了男教师的幼儿园也时常会发生男教师流失的现象。关于幼儿园男教师缺失或流失等现象的相关研究几乎占据了所有研究当中的近30%(见图2)。此类研究占比较大,也从侧面反映了此类现象产生较多。

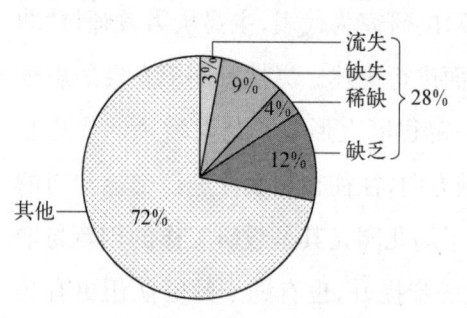

图2 2019年以关键词"幼儿园 男教师"检索结果中的占比(知网)

根据分析研究,得出原因主要源自以下几方面:

① 社会大环境方面

自古以来,受封建等级观念和父权文化的影响,对于某些职业,人们仍存在着一定的性别隔离观念,比如幼儿园教师、保姆、护士等。其主要原因在于,男性在人们心目中的期望值与这些职业本身的形象不符,因此当这样的"跨行"发生的时候,被戴着有色眼镜看待的男教师们自然难以为继了。同时,普遍性的观点,如男性比较粗心、缺乏耐心、不太会与幼儿相处等,对于幼儿园男教师天生就抱有不信任的态度。Wei. Zhang(2017)描述自己初次成为幼儿园男教师的时候,连自己都对自己的粗心不满,认为自己不能胜任成为一名"合格的幼儿园教师"。当然,之后靠着教学经验

---

① Rentzou, Konstantina and Ziganitidou, Kiriaki' Greek male early childhood educators: self and societal perceptions towards their chosen profession'[J], Early Years, 29: 3, 271 - 279, 2009.

逐步弥补了自己这方面的弱势——但不可否认的是，先天性的不足影响了外界甚至于男教师个体本身对于幼儿园男教师的看法。总之，社会认可程度低，男教师本身的职业自尊心受到打击，成了缺失或流失的原因之一。

另外政府对于幼儿园男教师的关注度不够，也是原因之一。尽管近年来对于学前教育的重视程度越来越高，但我国学前教育的总体发展与发达国家还是存在一定的差距。而这样的差距也是我国幼儿园男教师资源匮乏的原因。相关的法律政策、保障制度尚不完善，而幼儿园教师工作压力大、任务烦琐繁重、收入低下，对于幼儿园男教师的培养机制也不够完善，这些方面都使男教师在面对幼教这个行业的时候"望而却步"。近年来，慢慢出现一些对于幼儿园男教师或男学生有利的开放政策，如江苏教育厅提出了幼师男生免费教育试点政策[1]，但仍属个例，尚不成规模。

② 经济方面

客观上，男性在社会中承担了更大的责任和压力，尤其是在家庭中往往承担着经济支柱的角色，因此薪酬是男性从业者需要重点考虑的一点。衡量薪酬水平高低需要考虑从业者本人的薪酬满意度。宋卓奇（2021）指出："我国幼儿园教师对货币形式的薪酬满意度较低，其中工资满意度最低。""与当地公务员平均收入比较，教师的满意度在所有题项中是最低水平。"[2]而幼儿园男教师并没有因为其性别差异而获得比幼儿园女教师更高的经济收入（尽管部分幼儿园或区域教育局给予幼儿园男教师一定的额外工资补充，但受制于各种因素，这些补充无异于"杯水车薪"），幼儿园教师本身的薪资水平比起其他学段的教师而言也明显较低。这也是造成幼儿园男教师缺失和流失的最重要原因。

结合前一点综合来看，目前在我国的社会环境中，幼儿园教师的社会地

---

[1] 盖振华.幼儿园男教师流失原因及对策研究[D].山东：山东师范大学,2011：19.
[2] 宋卓奇.幼儿园教师全面薪酬满意度的现状及影响因素研究[D].上海：华东师范大学,2021.

位并不高,这也影响了男性从事幼儿园教师职业的积极性。但这一现状,在近年来有逐步改善的迹象。

③ 职业发展方面

值得说明的是,教师的职业发展与专业发展是两个有联系但又有区别的概念。职业发展包括了教师职业现状、教师职业态度、自我认同感、职业生涯规划、职业倦怠及心理健康等[1],其包含的范围较为广泛,但教师的专业发展则略为不同,主要是指教师作为专业人员,在专业思想、专业知识、专业能力等方面不断发展和完善的过程[2],这两个概念不可混为一谈。而男教师的职业发展在幼儿园这个行业中略显狭窄。刘宣(2006)曾描述"男性的性别特点决定了他们不喜欢琐碎、婆婆妈妈的琐事,而这些又正是幼儿园工作的特点之一,幼儿园还有许多额外但没有太大必要的工作任务"[3],这也从侧面反映了男性教师在这个行业中的无奈。

针对幼儿园男教师缺失和流失的现象及原因分析,研究者们也纷纷提出了一些措施。第一,观念上,发挥社会舆论的导向和媒体的正面宣传作用,逐渐形成尊重、珍惜幼儿园男教师的氛围;第二,经济上,适当合理提高幼儿园(男)教师的社会地位和福利待遇;第三,政治上,进一步完善相关幼儿园男教师的政策和制度[4]。但这些措施目前仅仅停留在呼吁层面,并未付诸实施。

(6) 分析幼儿园男教师角色劣势的相关研究

也有少部分研究对于"男性是否适合成为幼儿教师"表达了不同意见。李小燕(2007)指出"男教师在幼儿园的工作需要辩证地看待"[5],幼儿园男教

---

[1] 周玲.青年教师职业发展的现状及其评价改革的意义[J].上海教育评估研究,2021(5):39-44.
[2] 李宝燕.幼儿教师专业发展现状及提升对策[J].宁波教育学院学报,2022(1):76-80.
[3] 刘宣.幼儿园男教师专业发展个案的叙事研究[D].上海:华东师范大学,2006:88.
[4] 盖振华.幼儿园男教师流失原因及对策研究[D].山东:山东师范大学,2011:19.
[5] 李小燕.幼儿园男教师实际工作情况以及影响男性参与学前教育因素的研究[D].广州:华南师范大学,2007:2.

师也存在一定的角色劣势：

第一，耐心、细心不占优势。男性教师在保育方面可能缺乏亲切、耐心，这会对幼儿身心发展产生消极影响。而关幼萌(2012)的叙事研究中提到，男教师在小年龄幼儿的"护理方面不如女教师周到细心"[①]；刘宣(2006)的个案研究中也曾记录"家长对于男教师的保育不太放心"。Heather(2009)也提出，男性教师在与小年龄幼儿的互动过程中显得"较为僵硬"，虽能逐步通过教学经验及专业知识的增长获得一定程度的弥补，但是比起女性教师而言，显得有些"先天不足"[②]。

这些过往的研究同时也反映出了在研究发生当时的社会大环境对于幼儿园男性教师还是存在一定的"偏见"——对男性本身特质的固有印象可能会被迁移到对于幼儿园男性教师职业形象的认识上。在我们看来，研究中所提到的细心、耐心或保育相关问题，应是职业认知和经验问题。新手女教师在职初阶段也容易忽视保育中的细节问题，而一个富有带班经验的男教师，则几乎不可能忽略一些保育的基本细节问题——诸如孩子的裤子穿反了或者鞋带没有系紧，并不是教师粗心的体现，而是保育意识没有到位。保育意识是能够通过专业培训或保育经验轻易获得与提升的，是无关性别的。

第二，教学语言不占优势。Jan Peeters(2007)指出男性教师在教育行为中，更倾向综合运用各种因素进行表述，在语言的流畅性和情感表达上逊于女性教师。而这对于幼儿自身语言发展、情绪发展会产生一定的消极影响。[③]

在这一点或其他类似能力的分析中，不同学者对此的观点也有不同。有专家认为，随着社会发展需要，男性和女性所呈现的性别特质以及相应能力，比起过去而言更为接近了——换言之，男性和女性特质所呈现出的能力优势

---

① 关幼萌.幼儿园男教师职业发展叙事研究.[D].重庆：西南大学，2012.2.

② Heather Rolfe. Where Are The Men? Gender Segregation In The Childcare And Early Years Sector[J]. National Institute Economic Review No. 195 January 2006.

③ Jan Peeters. Including Men in Early Childhood Education: Insights from the European Experience[J]. NZ Research in Early Childhood Education, vol. 10, 2007.

比起过去而言不那么明显了,而随之而来的一些社会认识也产生了些微变化。

举个简单的例子:幼儿园运动活动中,有孩子在跑动中不小心摔倒了。固有的认识会让幼儿园专业之外的人认为,此时带班的男性教师一定会对孩子说"勇敢点,自己爬起来",或干脆置之不理,将其视为一件平常的事件,那么孩子也就不会将摔倒当成一件特别的事情来看待了;而与之相对的若带班教师为女性,则其大多会赶紧迎上去仔细查看,认真关怀。但这样的认识与如今真实发生在幼儿园的情况完全不符:女性教师一样会将"阳光"注入孩子的发展,男性教师也会视情况对孩子悉心关怀——教师不同的教育行为较少取决于教师本身的性别,而更多会受教师的教育观和当时的具体情况而定。研究中相关性别的能力差异,在实际教学中可能并未体现得如此显著。

相关幼儿园男教师角色劣势的研究非常少见,同时也存在着一些诸如研究视角、方法的问题。但这并不代表幼儿园男性教师不存在劣势。在本研究进展后期,关于幼儿园男性教师在专业发展方面的一些优势,诸如职业愿景较女教师更高或更紧迫,以辩证的视角来看,同样也可能是一个劣势。

2. 围绕"教师专业成长特质"的相关综述

在前述围绕"幼儿园男教师"相关研究综述的基础上,我们通过相关文献的梳理和研究了解目前"教师专业成长特质"研究的现状,进一步明确教师专业成长特质的内涵与外延。后半部分的综述主要是为了之后男女教师专业化发展的比较研究提供理论基础。结合前半部分的理论基础,能更进一步理解"幼儿园男教师专业成长特质"的内涵与外延,这是"基于幼儿园男教师专业成长特质的梯队进阶式发展研究"课题开展的重要起步研究。

以"特质""教师专业成长""教师专业成长特质"为关键词对近五年的相关文献进行检索,结果如表1:

一 问题的提出

表1 教师专业成长特质文献检索表

检索项	关键词	检索范围	匹配	搜索结果
关键词	特质	2015—2019年 基础科学	精确匹配	8 120
关键词	教师专业成长	哲学与人文科学 社会科学1辑	精确匹配	1 979
关键词	教师专业成长特质	社会科学2辑	精确匹配	0

从数量方面分析关于教师专业成长的理论和实践研究较丰富，绝大多数的研究中教师专业成长等同于教师专业发展，有一部分是对于教师发展的阶段特点以及教师职业生涯划分的相关研究，也有一些针对教师职业特质的内容研究供研究者参考，但纵览近5年的研究发现，针对男教师又着眼于学前教育阶段的男幼师队伍的专业研究几乎为零，研究对象基本集中于其他学段的卓越教师、杰出教师的成长历程。

从研究内容分析，教师专业成长和教师专业成长特质的研究以案例研究形式居多，可以提供给研究者参考，但是研究的方向大多集中于优秀教师的个人成长案例，缺少相关理论支持。

(1) 有关"特质""教师专业特质"的研究

《现代汉语词典》中对于特质的解释是，特有的性质或品质。奥尔波特的人格特质论中给特质的定义为："具有使许多刺激在技能上等同的能力，具有指导顺应与表达性行为的等同形式的一种神经心理结构。"[①]他在人格特质论中将特征分为共同特质和个人特质，其中个人特质是指个人所有的人格特质。

而在有关教师专业成长特质的文献中，一部分研究将教师专业特质和教师专业素质等同起来，并探讨了这两者之间的关系。在《窦桂梅的专业特质及其对教师成长的启示》中，韩鹏玉(2019)将专业特质定义为从事某种专业所特有的品质，指出"教师的专业特质隶属于专业素质，相对于专业素质来

---

① 刘湘溶.吉尔福德人格特质理论述评[J].湖南师范大学社会科学学报,1988(6):54-56.

说,专业特质是一种具有更高层次和发展水平的专业品质"①。崔晓芳、黄雅娟(2013)在高等职业院校教师专业化成长的研究中也持有类似的观点,文献指出"教师专业特质是在个体一般素质和教师专业素质基础上的凝聚、升华而来或重新生成的更具有专业独特性的素养和品质"②。经柏龙(2012)提出,专业素质分为四方面:教育思想——教育人事、教育观念和教育理念。专业知识——国内外基本形成共识的教师专业知识所构成的四个领域:一般教育知识、学科知识、学科教学知识和通识性知识。专业能力——语言表达能力、设计课程能力、管理班级能力、与人交往能力、研究能力、组织教学能力和课堂中的教育机智。专业情意——教师对于教师职业的归属感和认同感,有专业理想、专业性向、专业自我和专业情操四方面③。在相关特质的研究中,曼宁(R.C.Manning,1988)的教师课堂教学能力评价系统被诸多文献提及,我们认为比较有代表性,其中评价指向教师的教学计划能力、教学活动能力、课堂管理能力、知识传授能力等。

通过文献的检索和查阅,我们比较赞同教师专业特质隶属于教师专业素质这个观点,而归纳文献中所涉及的相关教师专业特质的内容,结合本课题研究目标和内容,将幼儿园教师的专业特质归纳为专业知识、专业能力、专业理想、专业理念、专业情感这五方面,结合后续研究,考虑到专业情感这一特质在男女性别上的差异性,进一步将专业情感拆分为专业归属、抗专业倦怠。

(2) 关于"教师专业成长"的研究

以教师专业成长为关键词检索近 5 年国内外的文献,数量庞大,研究认为教师专业成长的过程就是教师各方面能力不断发展和完善的过程。根据

---

① 韩鹏玉.窦桂梅的专业特质及其对教师成长的启示[D].沈阳:沈阳师范大学,2019:10.

② 崔晓芳,黄雅娟.教师专业化成长的特质分析与策略研究[J].高等职业教育(天津职业大学学报),2013(03):24-26+33.

③ 经柏龙.教师专业素质:形成与发展[M].中国社会科学出版社,2012:35.

研究对象的不同,研究主要集中在以下几方面:教师专业成长阶段及教师职业生涯划分方式及阶段特点的研究;教师专业成长阶段困惑及管理策略的研究;影响教师专业成长的因素的研究。

国外对于教师专业成长研究早于国内。美国的富勒是最早的该主题的研究者,他提出职前教师专业发展阶段理论;美国的学者卡茨以学前教育教师为研究对象,通过访谈问卷的研究方式,提出四阶段理论,认为教师会经历"求生存阶段""巩固阶段""更新阶段"和"成熟阶段";休伯曼等人提出的"生命周期阶段"理论是比较有代表性的划分教师专业生涯阶段的研究,几乎国内外的教师专业成长过程的划分和阶段特点都在此基础上展开。它将心理学和社会心理学的研究方法结合,针对研究教师每个阶段的工作确定教师职业生涯中对应阶段的发展主题,将职业划分为五个阶段:1~3年求生和发现期,4~6年稳定期;7~25年实验和歧变期;26~33年平静保守期;34年以后退出教职期。

国内的相关研究起步较晚,学者们从不同的角度切入,论述教师专业发展的概念,探讨教师专业成长的阶段划分方式及阶段特征。学者白益民以教师"自我发展意识"为切入点,将专业成长过程分为"非关注""虚拟关注""生存关注""任务关注"和"自我更新关注"五阶段;有一部分学者从教师素养以及工作绩效为切入点,将教师专业成长过程划分为"准备期""适应期""发展期"和"创造期"。还有一些国内学者以"职业成熟度"为切入点将其划分为"适应期""发展期""成熟期""持续发展期"。国内学者对于教师专业发展阶段的划分方式和解读呈现多元性、具体化,但基本建立在国外的研究成果之上。

在这部分研究中,涉及很多关于教师专业成长的概念界定,针对本课题的研究对象幼儿园教师群体,中国学者赵昌木(2002)对于教师专业成长的概念和描述在本研究中最为贴切,确定借用。他认为:"教师成长的过程是教师学会教学的过程,也是不断习得与教师有关的角色期望与规范的社会化过程。"[1]指在其职业生涯中,基于个体经验,依据职业发展规律不断提升、改进

---

[1] 赵昌木.论教师成长[J].教师教育研究,2002,14(3):11-15.

自我,以顺应职业发展需要的过程。

(3) 有关"教师专业成长特质"的研究

对于教师专业成长特质的研究相对较少,大多集中于对于卓越教师特质研究方面,比较注重优秀教师群体所展现出的个性特质对其专业发展影响。研究基本涉及以下几方面内容。

第一,针对某个具体教师专业特质,探讨其对教师成长的影响。国内以张定强(2011)研究为代表,研究教师成长的特质聚焦于教师的反思性分析。研究指出,反思性分析具有实践性、批判性、内在性和持续性,教师进行反思性分析的基本方法包括了意向分析和动机分析,"反思性分析是教师专业成长的必经之路"[①]。王颖(2007)在其"试析名师走向成功的特质素养"研究中提出,名师的特质在于其专业性。国外学者的研究集中于卓越教师的成长特质方面,其中以研究个体特质的数量最多,论述包括"个性与人格品质""教师教学效能感""课堂教学能力"等方面,但聚焦点在个性特质对于学生学习的影响方面,很少涉及教师专业化成长方面。例如:瑞安斯(Ryans,1960)提出,"教师的热情与学生的成绩呈正相关"。阿什顿(Ashton,1986)等人在此基础上做了相关研究表明:教学效能感水平高的老师,一般不是控制者,他们给学生提供行为的信息,鼓励他们自我约束和自我构建,而教学效能水平低的教师则多为控制定向者。

第二,聚焦名师、智慧型教师、优秀教师群体,梳理、归纳、总结他们的共性、个性特质,探讨其对教师专业发展的影响和意义。黄露、刘建银(2014)运用内容分析法对记载 37 位中小学卓越教师的传记材料进行分析,结果发现:在个人基本特征上,性别、学科、教龄对卓越教师成长存在影响。他们指出,"卓越教师具有强烈的职业动机、先进的教育理念、独特的个人魅力、灵活的

---

① 张定强.教师成长不可缺失的特质:反思性分析[J].课程.教材.教法,2011(5):92-97.

教学行为、高效的学生管理等专业特征"①。邓光明、冉泊涯(2010)更是缩小范围以名师为研究对象,提出新时期名师的内涵应该包括五种共性特质:"把握不同经济文化背景下教育本质的能力;以人文素养和科学素养为基本内涵的丰富知识;教育原理进行实践解读与应用的能力;文化判断力与信息整合力相结合的教育能力;跨越'高原期'的可持续发展能力。"②付廷奎和付婧(2014)以中小学教育名家为研究对象,挖掘他们的个体特质,建构模型提出教育名家所具有的特质包括个体心力特质、个体学力性特质和个体教力性特质三个外延。其中心力特质具体包括职业热情、主动精神、超前意识等;学力特质包括阅读力、研修力、反思力等;教力特质包括组织管理力、情绪控制力、课程驾驭力等。崔晓芳、黄雅娟认为科学的教育理念是专业化成长的思想特质,学科教学知识是专业化成长的知识特质,自我专业发展意识是专业化成长的特质③。《窦桂梅的专业特质及其对教师成长的启示》更是缩小范围,着眼于具有代表性的优秀教师个案,指出影响成为名师的特质包括:强烈的教育信念和信仰;高水平的职业目标;有效的教育研究;独特的知识结构;特有的教学风格。王笑梅(2003)在《关于青年教师成长规律的研究》一文中指出,"教师成长的关键因素是教育理念,教师进行教学的能力是教师成长的核心"④。

分析国内外研究,以影响成为优秀教师、卓越教师、智慧教师的个性特质和共同特质的因素为基础,从之前归纳的幼儿园教师特征的五方面来探讨对教师发展产生影响的特点、特征和特色,丰富了五方面的内涵。其中专业知识是指:为胜任学前幼儿的教育教学,教师所必须具备的知识,是被教育实

---

① 黄露,刘建银.中小学卓越教师专业特征及成长途径研究——基于37位中小学卓越教师传记的内容分析[J].中国教育学刊,2014(3):99-104.
② 邓光明,冉泊涯.新时期名师特质及其成长途径初探[J].中国教育学刊,2010(6):66-68.
③ 付廷奎,付婧.中小学教育名家成长中的个体特质模型建构及现实意义[J].当代教师教育,2014(1):27-31.
④ 王笑梅.关于青年教师成长规律的研究[J].教育探索,2003(3):105-107.

践证明了的、真实准确的、可以指导解决教育教学实践中问题的经验。包括通识知识、各领域学科知识、保育知识。专业能力是指：胜任幼儿园教师所需要具备的能力,本文包括课堂教学能力、科学研究能力、教育教学设计能力、与人交往能力。专业理想是指：教师对于未来教师生涯的预见和期望。包括职业规划。专业理念的概念,我们不是非常赞同经柏龙提及的"专业理念属于教育思想的一个部分"这一观点,通过进一步搜寻相关文献,认为在本项目研究中,更倾向于韩延明教授的对于教育理念的概念界定。他在题为《大学理念探析》的博士论文中提出的研究结论是："教育理念是教育思想家乃至整个民族长期蕴蓄和形成的教育价值取向的反映、体现和追求,是关于教育发展的一种理想性、精神性、持续性和相对稳定性的范型,具有导向性、前瞻性、规范性的特征。"[①]在本文中,我们将专业理念等同教育理念,是指教师长期蕴蓄和形成的教育专业价值取向和专业的追求,包括教育主张、教育信念、教育原则。专业情感是指教师对于教师职业正向的归属感和认同感,以及负向的专业倦怠感。

3. 围绕"幼儿园教师梯队进阶式发展"的相关综述

关于幼儿园梯队建设的相关研究是本课题重要的一个研究部分。以"幼儿园教师梯队发展""教师梯队进阶式发展"等关键词,搜索截至2019年4月的文献,检索结果为零。因此扩大关键词范围,以"教师梯队发展"为关键词,共找到28条结果,其中相关教师梯队建设的有效文献数为7篇。其中,大多数文献的表述集中于梯队建设的价值与意义,而涉及具体梯队建设的实质内容寥寥。具体情况如下：

(1) 梯队划分依据

张胜辉(2012)将教师梯队按教龄划为五个层次,分别为1—3年"不做庸师"、3—5年"做平凡的教师"、5—8年"做优秀的教师"、8—10年"做名师型

---

① 韩延明.理念、教育理念及大学理念探析[J].教育研究,2003(09):51-57.

教师"、10—15年"做专家型教师"①；阳红(2016)则将梯队梯形划分成"塔基、塔腰、塔颈、塔顶"四个层次,数量依次减少②。陈伟(2007)以教师的职称或所得称号荣誉等作为划分依据,分别为"合格教师、成熟教师、优秀教师、知名教师",指出选用依据的原因是在于"标准缘于多年来被社会、教师所认同的标准"③。但相关文献对于依据的来源与思考则描述过少。

(2) 相关机制原则

阳红(2016)提出"四级并进""阶梯培训"作为梯队建设的原则和指导思想④；张胜辉(2012)将"锤炼师德是前提""懂得关爱是基本要求""加强学习是基本途径""提高素质是关键"和"身体健康是核心"作为梯队式发展的原则⑤。

4. 文献分析与评析

纵观相关三部分文献内容,我们提出以下几个观点：

(1) "幼儿园男教师"相关研究内容欣欣向荣,但仍有研究空白

虽然幼儿园男教师作为一个特殊的群体长期以来就是一个被"忽视"的群体,但从20世纪90年代至今,尤以近十年来看,幼儿园男教师的生存状况正慢慢也悄悄地产生了变化：随着社会经济的发展,人们对于教育事业尤其是学前教育的重视度越来越高,幼儿园男教师越来越多地出现在了幼儿园的实际教学生活中。从最早的"一个没有",到后来凤毛麟角的专职男性教师(体育教练、围棋老师、美工老师等),再到近期出现的和女教师同等的幼儿园班主任男性教师,甚至于极少部分幼儿园出现的"幼儿园男教师团队"……幼儿园男教师的生存环境和状态越来越好,良性循环下,未来也会有更多的男

---

① 张胜辉.教师梯队式发展策略研究[J].基础教育论坛,2012(12):15-17.
② 阳红.优化顶层概念设计 领跑教师梯队发展[J].课程教育研究,2016(22):28-30.
③ 陈伟,陈宗荣.构建教师队伍梯队发展的校本机制[J].吉林教育(现代校长),2007(04):46-47.
④ 阳红.优化顶层概念设计 领跑教师梯队发展[J].课程教育研究,2016(22):28-30.
⑤ 张胜辉.教师梯队式发展策略研究[J].基础教育论坛,2012(12):15-17.

性教师加入学前教育事业中去。从图1中我们也可以从侧面看出这一点——围绕幼儿园男教师相关的研究越来越多，相应的空白得到缓慢的弥补。

分析其中的文献，绝大部分研究者对幼儿园男教师的行业前景看好，这一点可以从对幼儿发展的正向影响、对幼儿园行业的正向影响等方面的研究中得以求证。这进一步明确了男性从事学前教育的价值，同时如何利用相关的价值、闪光点来寻求幼儿园男教师更广阔的发展方向，是接下来的研究可能寻求到的"发力点"。

幼儿园男教师的流失与缺失现象，是不可忽略的一个重要方面。由于投身于教育事业本就是一个"厚积薄发"的过程，从从教开始到逐步增加收入的过程对绝大部分男性教师而言太过于漫长。收入水平与自身对于薪酬的要求之间产生的矛盾，也影响了他们的恋爱婚姻状况和家庭地位，而经济压力以及随之产生的心理压力等让男幼教无奈选择离开或根本不敢进入这个行业。另外，幼儿园的工作琐碎、重复性强，给予挑战的空间较少，这些对于幼儿园男教师的工作潜力发掘较为有限；同时需要"厚积薄发"的职业生涯，也让职业前景变得遥不可及，难以实现"自我实现的需要"和抱负，也就影响了男教师的职业成就感和幸福感，最终造成了离职。可见，薪酬满意度、专业理想是否能得以实现等关键因素是造成流失、缺失现象的主要原因。在完成这部分的文献研究之后，我们也重新对前期课题立项时提出的问题以及相应的研究路径做了微调：影响幼儿园男教师流失或缺失的因素过多，对主要立足园级层面的研究而言，太多因素无法把握，仅能从园所内可能影响的相关因素着手。围绕流失或缺失的相关研究将会在本研究中减少比重。

涉及男教师专业（职业）发展及男教师管理、团队发展方面的文献少之又少，在男性教师越来越多的今天，许多幼儿园已经具备不止一名男性幼儿园教师，这也说明相关研究在内容上存在失衡。另外，即使撤除"男教师"这个关键词，在幼儿园中围绕梯队建设的建模、样态、机制建设等相关研究也极少。本研究可以在一定程度上弥补这一部分的空白。

然而，虽然随之而来的相关幼儿园男教师的研究越来越多，但在幼儿园相关研究中，男教师相关研究在数量和比例上仍属"屈指可数"。在众多研究中所体现出的内容虽较为深刻，但视角趋于雷同，大多从教学角度开展研究，而从心理学、管理学、社会学等其他角度开展的研究仍属极少数。我们也发现，超过九成的研究者均来自大学，几乎看不到从幼儿园一线中诞生的研究者。剖析这一点，我们认为，一方面，幼儿园一线男教师数量较少、教龄较短，让研究者自身为幼儿园男教师的可能趋向为零；另一方面，来自一线的潜在研究者所能获得的实际样本数量不足或相关问题未足够凸显，使研究难以成行；而来自大学的研究者研究覆盖面更广、掌握资源更丰富，使他们成了相关研究的主要群体。但在文献研究的过程中，我们也发现部分"高位"研究者对幼儿园实际情况的不了解或对性别固有的认知，产生了研究成果与客观事实上的偏差。相较这一类研究者，本课题的研究者站在一线工作者的立场，可能会在研究中开辟新的观点、视角。

总的来说，"幼儿园男教师"相关的文献研究虽逐年增长，却也已无法满足幼儿园男教师们发展的实际现状，相对而言相关研究领域仍属空白。

(2) "教师专业成长特质"相关研究内容成果丰硕，但缺乏性别区分

教师专业发展的研究主题一直是国内外学者研究的重点。它对于提升教师队伍的素质、提高教育教学质量有着非常重要的理论和实践意义。通过关键词的搜索以及文献的梳理，不难发现，对教师专业发展的研究成果呈现多元化的趋势，成果丰硕。其中，休伯曼等人提出的"生命周期阶段"理论对于之后我们的研究，划分研究者所在幼儿园的教师的发展阶段有着非常重要的借鉴意义。

本课题中的研究对象 D 幼儿园教师队伍平均年龄仅为 31 岁，呈现年轻化特点。在过往的研究成果中，年轻的教师队伍教师专业化速度更快、自我发展意识更强、发展过程中所承担的心情和职业影响因素更复杂和多元，尤其是其中的男教师群体，这些问题更为凸显。因此休伯曼的"生命周期阶段理论"将教师专业发展置于个人生活和工作场景中，由阶段工作为重心，"主

题"式地划分教师专业发展阶段就与研究者所在幼儿园的教师专业发展路径非常吻合。另外,在梯队发展相关综述中也很难梳理出更为科学的、对专业发展阶段的界定标准。因此在后续研究中,基于"生命周期阶段理论",将幼儿园教师的发展阶段划分为:1—3年新手期教师,有职业的热情,同时处于求职探索自我发现的阶段;4—6年发展期教师,适应自己的工作,发展了自己的教学风格,处于职业认同更高,自我发展意识更强烈的阶段;7年及以上成熟期教师,进入更深入的自我职业规划的思考阶段。

在论文检索的过程中也能发现,国内外将"教师专业成长特质"作为一个独立概念进行系统研究的较少,在为数不多的文献中,教师专业成长特质这个概念也缺少清晰和统一的界定。绝大多数的研究是从相似概念、关联概念入手,例如教师专业素质、教师专业成长、教师专业发展、教师特质、教师专业特质、优秀教师特质、智慧教师特质等概念。

而在仅有的以"教师专业成长特征"为独立概念研究的文献中,我们发现也没有研究者对这个特定词语做出清晰的概念界定,而是将该词研究内容拆分成卓越、优秀教师特质的研究以及卓越、优秀教师的专业成长阶段两部分。

本文中,教师专业成长特质是指教师在专业成长的过程中所表现出的,能对其专业发展产生影响的特点、特征和特色。通过对文献的梳理和分析,我们罗列出了包括专业知识、专业能力、专业理想、专业理念和专业情感这五方面的教师专业特质。一方面,它们是会影响教师专业成长的五个因素,另一方面,教师专业成长中的特点、特征、特色也会在这几方面有具体的表现。其中专业知识是指为胜任学前幼儿的教育教学,教师所必须具备的知识,是被教育实践证明了的、真实准确的、可以指导解决教育教学实践中问题的经验。包括通识知识、各领域学科知识、保育知识。专业能力是指胜任幼儿园教师所需要具备的能力,本文中包括课堂教学能力、科学研究能力、教育教学设计能力、与人交往能力。专业理想是指教师对于未来教师生涯的预见和期望。包括职业规划。专业理念是指教师长期蕴蓄和形成的教育专业价值取向和专业的追求。包括教育主张、教育信念、教育原则。专业情感是指教师对于教师职业的归属感和认同感。

自20世纪90年代至今,专注于教师专业成长研究的内容越来越多,幼儿园教师的专业化成长也越来越受到重视,涌现出非常多的成功教师的个案研究。这些研究从不同的角度具体探讨了优秀、智慧型教师的专业发展历程,梳理归纳了一些成功教师专业发展过程中的共同点,对于后续开展男教师专业成长特质的研究提供了宝贵的参考资料,无论是在研究方法上,还是在研究角度上,都拓宽了思路。

同时,我们也发现聚焦于教师专业成长特质,仔细剖析其中具体内容的研究,特别是能够着眼于幼儿园男教师群体的几乎为零。在梳理了国内外的诸多文献后发现,关于教师专业成长的研究数量很多,关注幼儿园教师的专业成长的研究每年递增,但是关于教师专业成长特质的研究文章基本集中于中小学、高校等,研究对象为优秀教师、成熟教师、卓越教师、名师等团体。对于普通教师专业成长过程中的特色、特征研究几乎没有涉及,更不用说幼儿园教师和幼儿园男教师群体了。

剖析此类研究较少的原因,可能包括,第一,幼儿园的研究能力还较为薄弱,研究的方式单一。研究此类内容的幼儿园课题研究人员普遍为一线教师,擅长经验的总结和实践的反思,缺少以理论为基础进行研究的经验。而幼儿园教师研究能力比较薄弱的另外一个表现是研究方法比较单一,除了文献综述法、问卷法、访谈法等基本集中在对于案例的收集分析,缺少量的研究加以支持。因此我们发现大量的关于教师专业成长特质的文献都是从案例出发、聚焦于名师的成长。第二,涉及教师专业成长的内容过于庞杂,以普通教师群体为研究对象又范围过大,难做取舍。

(3)"教师梯队进阶发展"相关研究内容极为稀少,故难以梳理归纳

尽管近年来不断强化重视教师专业化发展,挖掘内涵,但国内对于教师队伍的梯队发展研究的数量仍较少。一方面,既有的梯队建设和发展的研究并不完全出于对教师专业发展的目的,优化管理同样也是梯队发展的一个目

的,因此聚焦于发展的梯队研究较少;另一方面,也可以从中看出,对于教师整体、团队发展的相关研究仍然处于起步阶段。少量文献还停留在剖析价值、分析意义、呼吁口号等阶段。缺乏对实质性内容科学的、进一步的研究,因而不具备参考价值。

通过理论研究,进一步明确了教师专业成长特质的内涵和外延,丰富专业知识、专业能力、专业理想、专业理念和专业情感的内涵,可为教师的成长提供一个方向。我们也发现,围绕"幼儿园男教师"——无论是专业成长抑或团队发展——相关研究领域为空白。这也将是本课题着重需要突破的方向,而结合幼儿园男教师特质的团队建设建立模型也因此变得更具价值。

二 研究概况

通过前期的思路梳理,以及对文献的学习和研究,我们着手正式开展研究。

(一) 研究目标

1. 通过对幼儿园男教师专业成长现状及影响因素的调查、分析、总结,逐步揭示出幼儿园男教师专业成长的特质和一般规律,为男教师进阶式梯队的形成与发展提供依据,促进男教师的专业成长。

2. 通过对已有男教师梯队的经验总结、案例分析等,进行幼儿园男教师梯队进阶式发展的行动改进及保障机制研究,促进幼儿园男教师个性化的专业成长。

(二) 研究对象

在选择研究对象的范围上,我们有着一些与原先计划不同的改动。在课题立项之前,基于幼儿园男教师数量少的现状,本想将研究对象范围扩展至全上海市,但约400个样本数量对一个以一所幼儿园师资为主要研究力量的课题来说,还是太大。之后考虑将范围缩小至区域内的全体男教师,即P区内所有公民办幼儿园中的男性教师。然而,在做前期基础信息统计时发现,由于男性教师在幼儿园中大多承担较多工作,日常非常繁忙,信息统计反馈效率低下。考虑到课题研究可能面临的具体工作,最终第三次缩小了研究对象的范围。

本研究对象范围以研究团队所在幼儿园的全体男性幼儿园教师为主(见表2),同时借助上海市男教师沙龙平台、浦东新区男教师沙龙平台、各相关园所部分女教师等作为其他各项研究所需对象获得渠道。(其他对应对象信息详见"研究方法")

表2 2021年研究团队所在幼儿园男性教师样本信息

教 龄	3年及以下	4—6年	7年及以上	总 数
人 数	4	9	5	18

(三)研究内容

1. 幼儿园男教师专业成长现状及影响因素研究

(1) 上海市幼儿园男教师基本情况

(2) 幼儿园男教师专业成长现状研究

① 男教师的班级管理与师幼互动

② 男教师的活动组织与家园沟通

③ 男教师的环境布置与材料创设

④ 男教师的学科知识与工作环境

(3) 影响男教师专业成长主要因素的研究

① 社会地位与经济收入

② 家人与教育对象认可

③ 职业选择初衷

④ 职业认同与期望

⑤ 专业成长动力与需要

2. 不同阶段幼儿园男女教师专业化发展的比较研究

（1）相同阶段男女教师专业成长特质的比较

（2）不同阶段男女教师专业成长特质的比较

（3）相同阶段男女教师专业成长路径的比较

3. 男教师专业成长特质的研究

通过男教师与女教师专业成长现状及影响因素的比较研究

（1）男教师的专业成长特质

（2）男教师的专业成长阶段

（3）男教师的专业成长路径

4. 基于幼儿园男教师专业成长特质的梯队进阶式发展的行动研究

（1）幼儿园男教师梯队进阶式发展的模型建立

① 梯队划分的类型和依据

② 梯队定位的目标与方向

③ 梯队进阶的路径和形式

④ 梯队建设的机制与保障

（2）幼儿园男教师梯队进阶式发展模型的行动改进研究

① 内容的改进

② 形式的改进

③ 原则的补充

（3）促进幼儿园男教师梯队进阶式发展机制

（四）研究方法

1. 文献法

基于知网等网站的数据，通过阅读、分析、整理"幼儿园男教师""教师专业发展特质"等相关文献材料，对幼儿园男教师专业成长的相关研究做出一个较全面的文献综述，把握研究动态，为后续的实践研究提供理论基础。

2. 问卷法

设计调查问卷或借用参考量表，基于上海市浦东新区男教师沙龙平台及上海市男教师沙龙平台，对区内各园乃至全市部分幼儿园中处于不同发展阶段的男教师进行调查，了解男教师在教育上呈现出的专业特质，如专业理想、专业知识、专业能力等六方面与专业相关的基本情况，并依此分析影响男教师专业成长特质的主要因素。

研究对象：采用分层随机抽样的方式，依托上海市男教师沙龙平台拓展到各区男教师沙龙平台随机抽样209名幼儿园男教师，在此基础上选择男教师所在园的877名幼儿园女教师。

3. 访谈法

在前期研究的基础上，进一步设计访谈提纲，确定关键问题，对各发展阶段（各梯队）的男教师、一起合作的女教师、幼儿园的管理者等进行有计划的深度访谈，了解并分析幼儿园男教师在教育教学及专业发展过程中的特质、男教师与女教师的专业发展异同、影响男教师专业成长的主要因素、已有男教师梯队式发展的经验与问题、梯队建设成效等。

"不同年龄段幼儿园男女教师专业发展比较"访谈调查（访谈提纲见附件二）研究对象：基于本区男教师沙龙平台分层随机取样的25名男教师（新手期教师8人，发展期教师10人，成熟期教师7人）及男教师所属幼儿园同年龄层次的25名女性教师（新手期教师8人，发展期教师10人，成熟期教师7人）。

"幼儿园男教师专业成长特质"访谈调查（访谈提纲见附件三）研究对象：我园男教师15人（新手期男教师5人，发展期男教师6人，成熟期男教师4人），基于浦东新区男教师沙龙平台男教师15人（新手期男教师5人，发展期男教师6人，成熟期男教师4人），以上皆为所属范围内的分层随机取样。

"幼儿园男教师蜂巢梯队进阶发展模型评价"访谈调查(访谈提纲见附件四)研究对象：整体取样①本园男教师15名(详见表3)。

表3 幼儿园男教师蜂巢梯队进阶发展模型评价访谈对象详细情况

编 号	职 称	第一学历	教 龄
1	一级教师	专科	26
2	高级教师	专科	17
3	一级教师	本科	14
4	一级教师	本科	10
5	一级教师	本科	9
6	二级教师	本科	7
7	二级教师	本科	7
8	一级教师	本科	7
9	一级教师	本科	6
10	二级教师	本科	5
11	二级教师	本科	4
12	二级教师	本科	4
13	二级教师	本科	4
14	二级教师	本科	3
15	二级教师	本科	3

4.内容分析法

在研究的各阶段中,借助案例法及访谈法中收集的已有资料,建立起

---

① 注：整体数量应为18人,其中3人为研究者,故不列入研究对象中。

尽可能客观的编码依据（编码类别），并对编码结果进行整理、汇总、分析，寻找男女教师专业发展过程中相同及不同的特质、梯队模型建构依据或成效等。

不同年龄段幼儿园男女教师专业发展比较的内容分析在本园男女教师中的研究对象情况见表4：

表4 "男女教师专业发展比较研究"内容分析法分层随机取样情况表

发 展 时 期	视频①数量	预计评分表数量	实际回收表数量
2年新手期男教师	3	12	12
2年新手期女教师	3	12	12
5—6年发展期男教师	3	12	12
5—6年发展期女教师	3	12	12
7年以上成熟期男教师	3	12	4
7年以上成熟期女教师	3	12	4

5. 文本分析法

收集男教师的个人发展规划、成长心路历程、教学随笔、教学日记等能反映其个人专业发展过程的文本，并对其进行分析，归纳男教师专业发展特质，并为个性化的梯队进阶式专业发展方案提供依据。

"不同年龄段幼儿园男女教师专业发展比较"文本分析研究对象：整群取样2019年本园25名男性教师（新手期教师8人，发展期教师10人，成熟期教师7人），按相对应年龄阶段分层随机取样25名女性教师（新手期教师8人，发展期教师10人，成熟期教师7人），收集以上对象人群的"四年发展规

---

① 注：视频内容为研究对象的一个集体教学活动现场（涵盖五大领域）视频，视执教对象年龄段时长为15—30分钟不等。

划"文本。

"幼儿园男教师专业成长特质"文本分析研究对象：基于上海市男教师沙龙平台的 42 名男教师（随机取样），包含"成长故事"35 篇、"心路历程"35 篇、"教学随想"35 篇。

6. 行动研究法

基于已有男教师梯队现状的分析，设计幼儿园男教师梯队进阶式发展的行动改进计划，包括梯队划分的类型和依据、梯队定位的目标与方向、梯队进阶的路径和形式以及梯队建设的制度与保障等，依据计划在实践中实施方案，针对改进的具体内容、形式和策略进行反思和调整，在改进行动方案的基础上进入下一循环的实践、反思和改进。

（五）研究路径

1. 准备阶段

（1）完成主要研究对象资料收集；

（2）修改完成国内外幼儿园男教师相关研究的文献综述；

（3）设计调查问卷、制作参考量表，完成足够样本数量的男教师专业成长现状调查；

（4）完成"教师专业成长特质"相关的文献综述，并进行分析；

（5）进一步厘清研究思路，调整相关研究细节及方向，完善修改开题报告。

2. 实施阶段

幼儿园男教师专业特质研究：

（1）对研究对象——男女教师进行甄选比对，确定相应研究对象；

（2）对研究对象进行访谈；收集研究对象音视频资料；整理形成阶段

成果；

(3) 对相关资料进行整理、编码、分析；

(4) 根据调研报告和研究基础，根据实际情况调整或确定之后的研究方向；

(5) 收集整理研究对象专业成长案例；

(6) 整理相关研究资料，进行比较分析，寻找男教师专业成长专有特质。

幼儿园男教师梯队进阶式发展行动研究：

(1) 整理当前研究成果，夯实之后团队研究的基石；

(2) 开展幼儿园男教师梯队进阶式团队结构的行动研究；

(3) 汇总收集相关成果，完成中期报告，接受论证；

(4) 撰写论文案例，形成阶段性成果；

(5) 开展中期研究展示活动；

(6) 根据对男教师团队的行动研究，进一步进行相关研究并寻找规律、发展策略。

3. 总结阶段

(1) 收集研究阶段性成果，汇编成册；

(2) 总结"基于幼儿园男教师专业成长特质的梯队进阶式发展研究"研究成果，撰写结题报告；

(3) 研究成果交流展示；

(4) 修改研究报告，申请鉴定验收。

研究路径的简易框架结构见图3：

二 研究概况

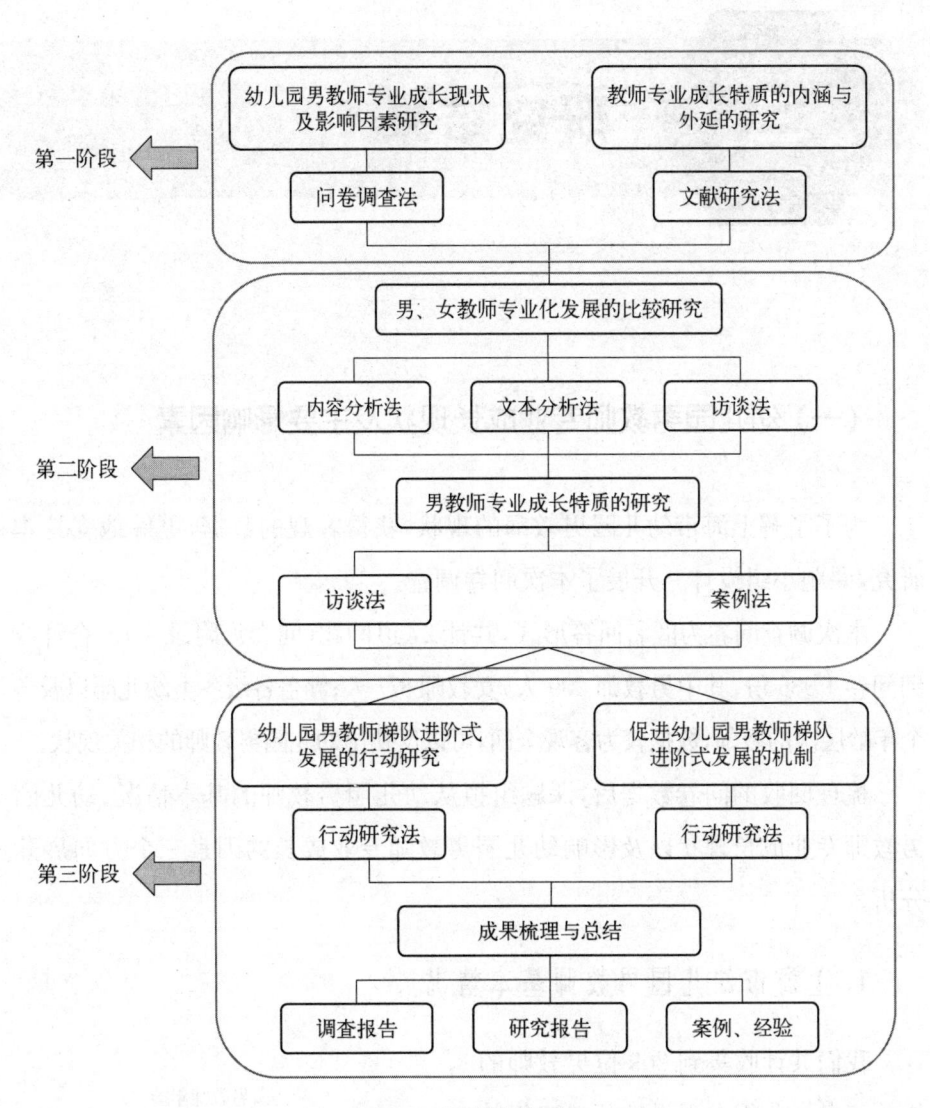

```
第一阶段 ←  ┌─────────────────────────────────────┐
            │  ┌──────────────┐    ┌──────────────┐ │
            │  │幼儿园男教师专业│    │教师专业成长特质│ │
            │  │成长现状及影响 │    │的内涵与外延的 │ │
            │  │因素研究      │    │研究          │ │
            │  └──────┬───────┘    └──────┬───────┘ │
            │    ┌────┴────┐         ┌────┴────┐    │
            │    │问卷调查法│         │文献研究法│    │
            │    └─────────┘         └─────────┘    │
            └─────────────────────────────────────┘

第二阶段 ←  ┌─────────────────────────────────────┐
            │      ┌──────────────────────┐        │
            │      │男、女教师专业化发展的比较研究│  │
            │      └──────────┬───────────┘        │
            │  ┌────────┐ ┌────────┐ ┌────────┐    │
            │  │内容分析法│ │文本分析法│ │访谈法  │  │
            │  └────────┘ └────────┘ └────────┘    │
            │      ┌──────────────────────┐        │
            │      │男教师专业成长特质的研究│        │
            │      └──────────┬───────────┘        │
            │      ┌────────┐     ┌────────┐       │
            │      │访谈法  │     │案例法  │       │
            │      └────────┘     └────────┘       │
            └─────────────────────────────────────┘

第三阶段 ←  ┌─────────────────────────────────────┐
            │  ┌──────────────┐    ┌──────────────┐│
            │  │幼儿园男教师梯队│    │促进幼儿园男教师││
            │  │进阶式发展的行 │    │梯队进阶式发展的││
            │  │动研究        │    │机制          ││
            │  └──────┬───────┘    └──────┬───────┘│
            │    ┌────┴────┐         ┌────┴────┐  │
            │    │行动研究法│         │行动研究法│  │
            │    └─────────┘         └─────────┘  │
            │          ┌──────────────┐           │
            │          │成果梳理与总结│           │
            │          └──────┬───────┘           │
            │  ┌────────┐ ┌────────┐ ┌──────────┐ │
            │  │调查报告│ │研究报告│ │案例、经验│ │
            │  └────────┘ └────────┘ └──────────┘ │
            └─────────────────────────────────────┘
```

图 3 研究路径图

三 研究结果

（一）幼儿园男教师专业成长现状及主要影响因素

为了了解上海市幼儿园男教师的现状,获得客观的数据,更好地支持本研究,课题小组设计并开展了本次问卷调查。

本次调查问卷为匿名回答形式,共计 27 道问题(问卷见附录一)。合计收到问卷 1 086 份,其中男教师 209 人,女教师 877 人;涵盖各级各类幼儿园以及各个年龄层次的教师,数据较为客观全面,可以反映出幼儿园男教师的相关现状。

梳理回收的问卷数据后,课题组拟从幼儿园男教师的基本情况、幼儿园男教师专业成长现状以及影响幼儿园男教师专业成长的因素三个方向展开分析。

1. 上海市幼儿园男教师基本情况

我们共计收集到 209 位男教师的相关信息。我们发现男教师普遍年龄在 35 岁以下,且教龄不足 10 年;女教师的年龄及教龄分布则较为平均。同时,男教师所在幼儿园几乎均为公办幼儿园,且大部分为优质园。在幼儿园中,男教师普遍从事普通教师工作,极少部分(小于 3%)担任幼儿园中层

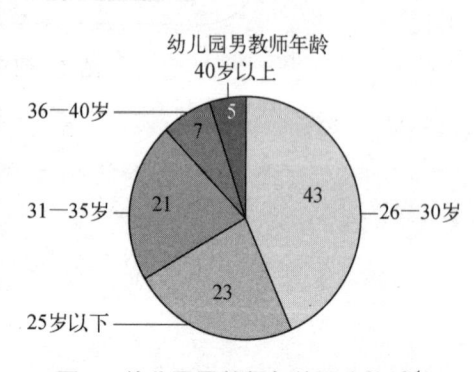

图 4 幼儿园男教师年龄百分数(%)

及园领导职务。幼儿园男教师的年收入集中在6万—15万元,且半数以上收入为6万—10万元(此处统计部分有误,部分问卷填写者仅统计了税后每月收入)。男教师的配偶为幼儿园教师的比例非常突出。

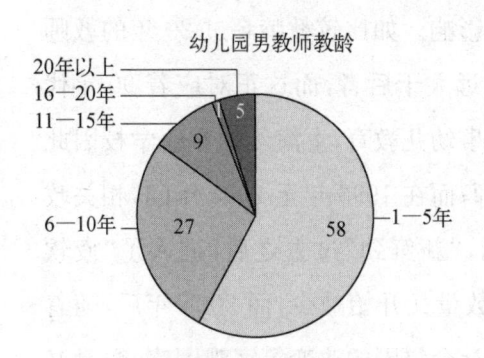

图5 幼儿园男教师教龄百分数(%)

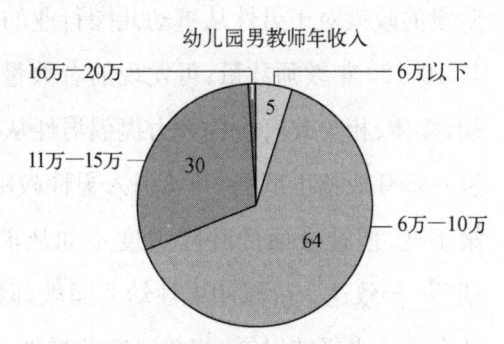

图6 幼儿园男教师职业年收入百分数(%)

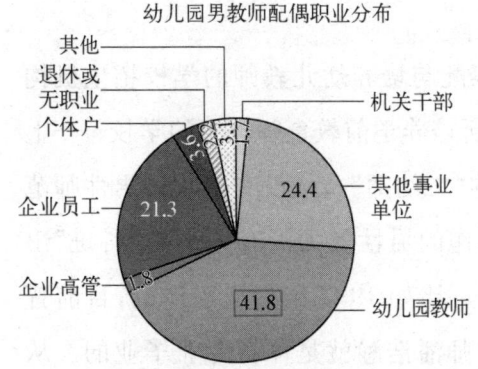

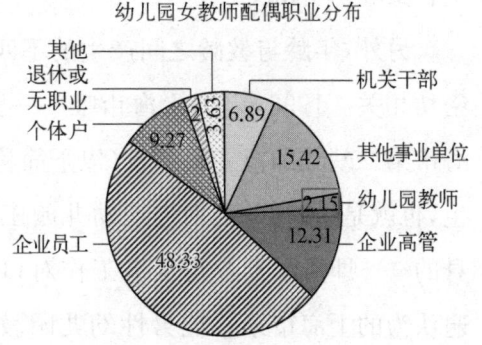

图7 幼儿园男教师配偶职业分布百分数(%) 图8 幼儿园女教师配偶职业分布百分数(%)

分析如下:

(1) 年龄、教龄

男教师团队整体较为年轻,缺乏工作经验,可能缘于幼儿园男教师的专业培养起步较晚。因为男教师教龄较短(目前,男性幼儿园教师中,最大教龄为25年,而1—5年教龄的男性教师数量超过了总人数的50%),故在幼儿园中主要担任普通教师,较少承担管理工作。从大部分男性教师所处幼儿园的级别可看出,公办优质园更认可男教师对于幼儿的教育价值,更愿意接纳、培养男教师。

从年龄与教龄的不完全匹配也能看出，数量不少的男性从教时并非应届毕业生。同时，不同阶段幼儿园男教师数量的变化，也能从侧面反映出不同阶段的政策对于男性从事幼儿园行业的影响。如比较教龄超过20年的教师与16—20年教师数量，可发现前者数量远大于后者，而这正对应着90年代初，媒体、相关政府机构大力提倡男性从事幼儿教育，上海幼师专业学校因此进一步开放招生范围，开始引入男性教师；而在1996年至2005年间，相关政策不变，但社会面的呼吁力度不如从前，"新鲜劲"过去之后，进入了"疲软期"①，导致这个阶段的男性幼儿园教师数量又开始减少；而2005年后，随着社会经济水平的发展、相关研究的增加、社会氛围的改变等客观因素，数量又随之攀升。可见，幼儿园男教师数量的变化，确实与社会政策、整体发展、舆论背景等切实相关。

另外，年龄与教龄之间产生的不匹配与培养幼儿教师的学校招生机构密切相关。1996年前，上海市唯一一所培养学前教育师范生的学校——上海市第二幼儿师范专科学校（以下简称"二幼师"），从没有招收过男性师范生，也就是说，自此之前进入幼儿园工作的男性教师没有一个是"科班"出身的——即所学专业与从事工作对口。比如1992年参加工作的，目前普遍认为的上海市第一位男性幼儿园教师潘浩瀚就是体育专业毕业的。从1992年至1997年，五年间有不少于（难以确切考证）十名男性加入上海学前教育，但全都是体育专职教师或其他岗位，没有一名是直接进入班级带班的班主任身份。

二幼师于1994年至1995年响应政策号召，试验性地从上海市各郊区招入近三十名男性师范生，原定计划是在毕业后"从哪儿来回哪儿去"，但在这两批男性师范生毕业时，又将此项规定放开，改为让学生按照一定条件自己

---

① 除此之外，从学前教育近四十年的发展过程来看：这十年间，学前教育事业发展也停滞不前，部分发展如全国园所数量甚至比前十年降低了。造成这些现状的原因是复杂的。

选择毕业后的去留。当时,这两批男性毕业生中,大部分选择留在市区。在1999年之前,二幼师仅培养了这两届男学生,之后经历改制合并等,最终成了华东师范大学学前教育系的一部分。这两届学生进入上海的幼儿园工作,是可以从统计结果中发现的。

从1999年开始,华东师范大学学前教育系本科开始招收男学生,2002年,华东师范大学学前教育系专科也开始招收男学生。因此从2003年开始,学前教育毕业的男性本科生和专科生逐渐进入幼儿园工作。一开始数量仍较少,如2003年学前教育本科毕业进入幼儿园工作的全上海市仅一名(当届本科中也仅有一名上海本地男学生);2005年进入上海市幼儿园工作的男性学前教育专科生也仅一名(当届专科中有三名适合条件的,但另两名转行)。从这时开始,男性进入幼儿园担任和女性教师同样角色、承担一样职责成了普遍做法,也代表男性幼儿园教师迈入了专业化门槛。可以从统计结果中看出,在这个阶段,入职幼儿园的男性数量开始显著增加。除了"科班出身"的男性之外,其他非学前教育专业毕业的应届毕业生(尤其是体育专业或特殊教育专业)加入的数量也增加了,这与社会发展及舆论导向是息息相关的。

从2007年开始,上海师范大学开设学前教育系,标志着师范学校进一步扩大学前教育生源拉开了序幕,这与上海市幼儿园数量高速增长、幼儿教师短缺的现状吻合。短短几年间,不少高校均新开设了学前教育系,并不再将性别作为招生时的门槛或规则。在这些学生中,男学生的比例通常不会小于5%,有些学校中男学生比例甚至大于15%。男性毕业生在选择工作时也往往将幼儿园作为自己的首选,而幼儿园也乐意招入男教师。同期,幼儿园招聘男教师也开始关注专业是否对口,这与以往招聘男教师只看个人意愿、学历等形成了对比。在这之后,随着上海学前教育的不断发展、男教师数量的不断增长,在统计情况中不再出现年龄、教龄不匹配的现象。

(2) 收入情况

随着我国社会经济发展的提升,尤其是上海社会发展程度较高,学前教育水平也处于国内较为领先的地位,社会对于幼儿园男教师的价值更为认可,接受度更高。我市幼儿园主体为公办幼儿园,本次发放问卷的单位也以公办幼儿园为主,故而男性与女性教师的收入差异不显著。

结合课题开始之初的文献研究,收入情况以及与之密切相关的薪酬满意度显然是影响男性从事学前教育的主要因素之一。详细情况在图 15 的分析中具体展开。

(3) 婚配情况

幼儿园男教师婚配首选幼儿园女教师,高达 42%。而女教师选择幼儿园男教师的比例仅为 2%,差异显著。这也从一个侧面显示:虽然幼儿园男教师的地位有所提升,但是这一职业在社会主流价值观中的地位并不高。由于男性教师平时的工作环境中以女性居多,使择偶范围单一,同时幼儿园女教师也更能理解、接纳男教师,这也是男性的伴侣中有高比例女性教师的主要形成原因。

2. 上海市幼儿园男教师专业成长现状

幼儿园女教师普遍感觉从业压力较大,压力打分高于满意度打分。男教师压力打分小于女教师,满意度得分高于女教师。男教师在工作中的压力来源前三分别为:案头工作、课题研究、教学评估。男教师专业能力自评中排名靠前的能力分别为:与幼儿沟通交流的能力、与同事的沟通交流能力、教学活动实施能力以及科学文化知识等。同时,男教师自认更受到幼儿的喜爱。

分析如下:

(1) 班级管理与师幼互动现状

班级管理相对而言是一个较为复杂与综合的能力,结合图 9 中的"幼儿保育""幼儿发展知识[①]",图 10 中的"教学评估",图 11 中的"我在学校中所学

---

① 此项和女教师保持一致,在性别上没有明显差异性。

到的知识、技能足以支撑我的实际工作"相关表项,可以发现幼儿园男教师对于班级管理的信心并不充分。结合前述,从班级管理的一般性经验来分析,这可能与幼儿园男教师教龄普遍偏小有关——班级管理质量的高低往往取决于经验积累的多寡,而随着年龄与教龄增加,男教师的相关自评分都有所提升也确实证明了这一点。

专业能力自评

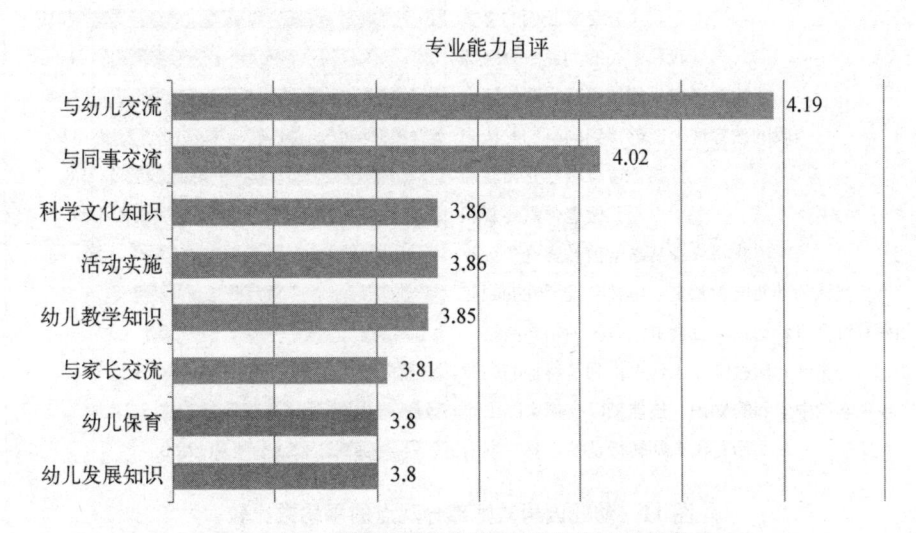

能力	平均分
与幼儿交流	4.19
与同事交流	4.02
科学文化知识	3.86
活动实施	3.86
幼儿教学知识	3.85
与家长交流	3.81
幼儿保育	3.8
幼儿发展知识	3.8

图9 幼儿园男教师自评专业能力的平均数比较

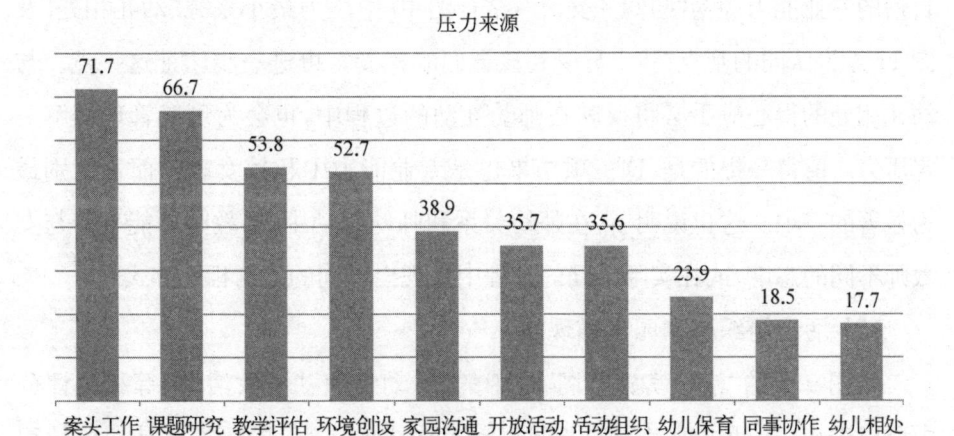

压力来源

来源	百分数
案头工作	71.7
课题研究	66.7
教学评估	53.8
环境创设	52.7
家园沟通	38.9
开放活动	35.7
活动组织	35.6
幼儿保育	23.9
同事协作	18.5
幼儿相处	17.7

图10 幼儿园男教师压力来源的百分数(%)

观点认同

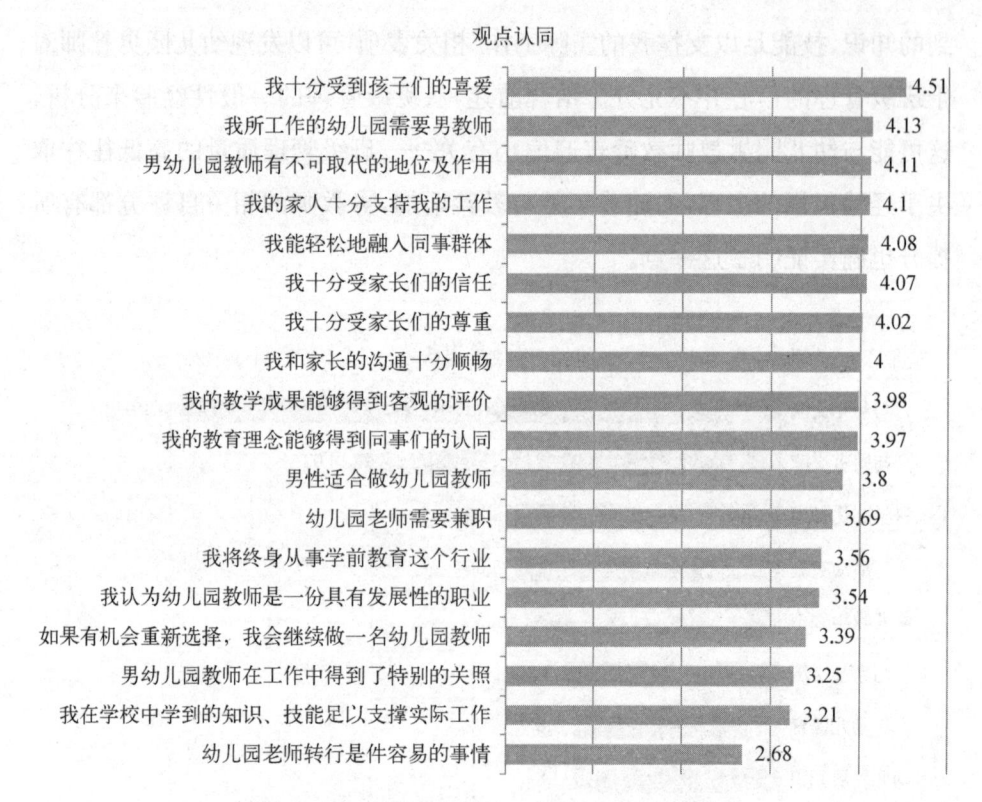

观点	评分
我十分受到孩子们的喜爱	4.51
我所工作的幼儿园需要男教师	4.13
男幼儿园教师有不可取代的地位及作用	4.11
我的家人十分支持我的工作	4.1
我能轻松地融入同事群体	4.08
我十分受家长们的信任	4.07
我十分受家长们的尊重	4.02
我和家长的沟通十分顺畅	4
我的教学成果能够得到客观的评价	3.98
我的教育理念能够得到同事们的认同	3.97
男性适合做幼儿园教师	3.8
幼儿园老师需要兼职	3.69
我将终身从事学前教育这个行业	3.56
我认为幼儿园教师是一份具有发展性的职业	3.54
如果有机会重新选择，我会继续做一名幼儿园教师	3.39
男幼儿园教师在工作中得到了特别的关照	3.25
我在学校中学到的知识、技能足以支撑实际工作	3.21
幼儿园老师转行是件容易的事情	2.68

图11 幼儿园男教师部分观点的平均数比较

区别于女教师与幼儿的互动状态，从图9中可以看出，幼儿园男教师最为自信的专业能力即为"与幼儿交流"，结合图10中压力最小来源"幼儿相处"及图11最为认同的观点"我十分受到孩子们的喜爱"，可进一步印证这一点。与幼儿相处的得心应手必将反映在师幼互动的过程中，也会为班级管理缓解一定压力。值得一提的是，这一项结果也是专业能力中相较女教师而言区别最为显著的一项。这也说明了，在师幼关系和师幼互动中，男教师可能有着与女教师不同的态度，或在实际活动的过程中呈现出不同的师幼相处方式。

(2) 活动组织与家园沟通现状

从图9中的"活动实施"，图10中的"活动组织""开放活动"等相关评分中可以看出，活动组织对于幼儿园男教师构成的压力、男教师对其自信的程度都处于一个较为良好的状态。活动组织与实施的对象基本面向幼儿，因此得益于与幼儿良好质量的互动,也是该项指标处于良好状态的一个关键因素。另外,活动的组织往往与幼儿园的支撑分不开,而图11中"我能轻松地融入同事群体"这一高得分项或许也是活动组织高质量开展的原因之一。

在此项调查中得出的"男教师普遍对师幼互动充满自信"及"男教师普遍对同事交往较为乐观"结论,与此前的文献研究所得出的结论部分不符。研究中普遍认为幼儿园教师角色倾向女性主要是依据两点,即女性对幼儿保育方面的关怀细心且贴合、女性与小年龄幼儿沟通状况更好。而在此处,男性教师普遍的自信究竟是盲目自信,抑或呈现出的师幼互动水平确实较女教师高?这里还缺乏科学研究的进一步深入,但从目前上海学前教育发展情况而言,至少男性在师幼互动方面不明显弱于女教师。此外,在不同年龄段(托班、小班、中班、大班)呈现出的男教师师幼互动的情况也是不同的,男教师是否只适合教育学前教育中较大年龄的幼儿也仍须后续进一步研究。

男教师在家园沟通方面的专业现状水平较高,尽管在专业能力自评及压力来源方面的分值仅属于中等水平,但在观点认同方面"我十分受家长们的信任和尊重"排名靠前。也就是说,尽管男教师们自认相关能力不强,但从效果、结果上而言是好的。这应与幼儿园男教师的师幼互动质量及社会普遍对幼儿园男教师较为宽容的态度有关。

(3) 环境布置与材料投放现状

无论是环境布置还是材料创设,男教师相关专业能力处于较低水平。幼儿园的各项工作中,环境与材料的创设相关内容都较为琐碎,对男性而言有时候会显得有些"婆婆妈妈",而有时候则仅仅是因为不擅长——尽管学前教育专业学习中包含各类艺术能力的培养,但大部分男性在此能力表现上似乎不如女性。同时,在压力来源中,相关表现处于一个高位水平。此外,这也应与幼儿园男教师从事工作之前就读的专业性相关——不小比例的男教师所学专业为非学前教育专业。

(4) 学科知识与工作环境现状

在学科知识方面,男教师的专业现状处于低水平。图9中的"幼儿发展知识"排名垫底、图10中的"课题研究""案头工作"压力排名前两位、图11中的"我在学校中学到的知识、技能足以支撑实际工作"相关观点认同排名垫底。从男教师基本情况中可以看出，毕业院校专业不对口的现状尽管在近年得到改善但仍较为普遍地存在，这可能是导致这方面处于低水平的关键原因。

但在进一步分析之后，即使是所谓"科班出身"的男教师，在"课题研究"与"案头工作"方面的压力也处于高位。造成现状的原因是多样化的：男性的性别特质可能会较为排斥此类工作、男性教师普遍教龄较小从而仍未达到课题研究的高度等。而若结合女教师的同类情况进行，这两项比起男教师来说显得略乐观些，但也处于高位。说明这一项对一线教师而言可能是一个普遍存在的问题。

而在与同事交往方面，无论是自评还是压力都处于较乐观积极的水平。这不仅与工作伙伴、园所领导对男教师的宽容态度有关——异性交往可能更利于交往水平的提升。在这一项内容中，也可从侧面反映出幼儿园男教师的工作环境较好，工作中的心态保持得也较好。

(5) 其他相关现状

无论从女教师的反馈还是从普遍园所对幼儿园男教师的态度来看，幼儿园男教师在工作中得到支撑是客观存在的。女教师普遍认为"男幼儿园教师在工作中得到了特别的关照"，但从图11中来看，男教师对"男幼儿园教师在工作中得到了特别的关照"这个观点的认同度相当低。男教师主观地认为客观的环境支持仍然不够，这当中的差异很有可能造成男教师离职的情况产生。因此如何让男教师处于正确的立场、摆正心态，也是幼儿园管理中需要注意的。

另外，从图11中也可以充分感受到男性幼儿园教师普遍对从事该行业充满信心和乐观的积极心态，同时也能从工作中获得成就感。可以预见，相关的正反馈会进一步强化幼儿园男教师相关专业能力的提升。

3. 影响幼儿园男教师专业成长的因素

问卷显示幼儿园男教师选择这份职业的初衷绝大部分是因为喜欢孩子，

并且这份职业相对稳定。男教师认为做好这份职业最重要的前三位分别是：道德品质、与幼儿沟通交流的能力、教学活动实施能力。较大部分男教师对自己的收入状况不太满意，认为自己的收入为同龄人中的中下水平。男女教师均将幼儿园教师这一职业在社会职业排序中排为倒数第四位。同时家人的支持与家长的信任在第26题中获得较高的得分。

选择本职业原因

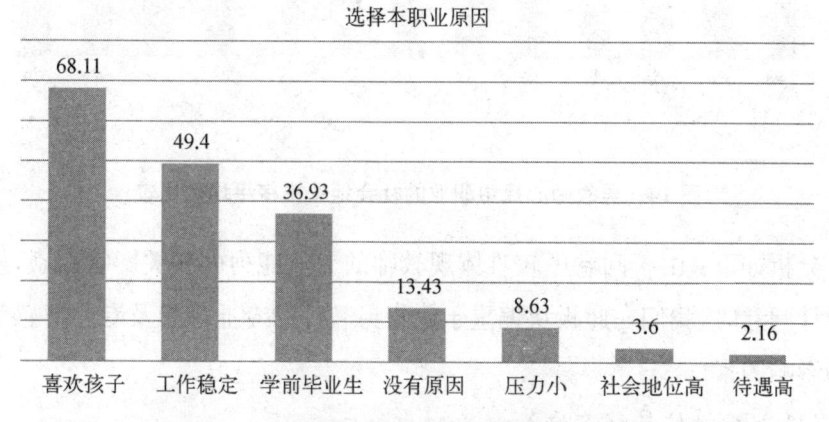

- 喜欢孩子 68.11
- 工作稳定 49.4
- 学前毕业生 36.93
- 没有原因 13.43
- 压力小 8.63
- 社会地位高 3.6
- 待遇高 2.16

图12 幼儿园男教师选择本职业原因百分数(%)

成为一名好老师的最重要因素

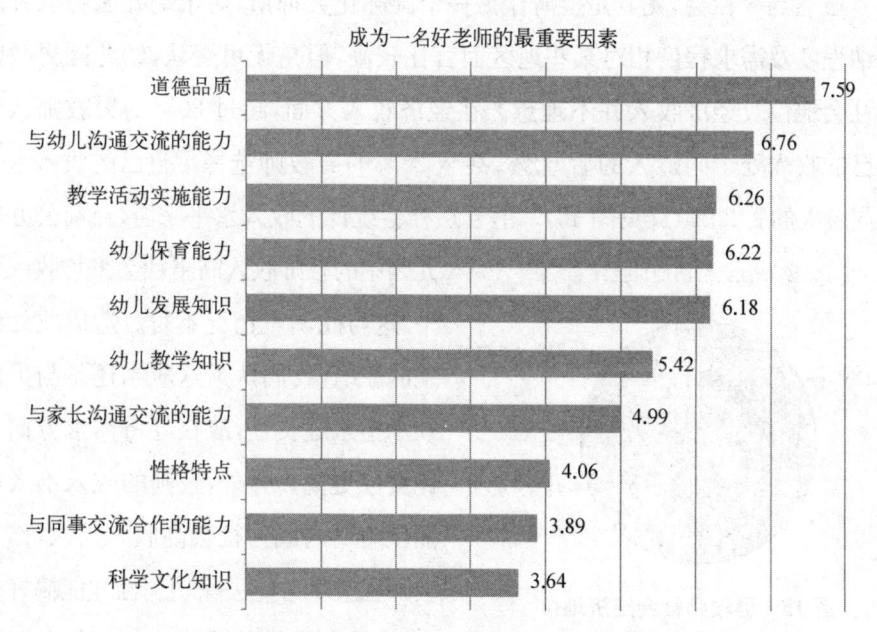

- 道德品质 7.59
- 与幼儿沟通交流的能力 6.76
- 教学活动实施能力 6.26
- 幼儿保育能力 6.22
- 幼儿发展知识 6.18
- 幼儿教学知识 5.42
- 与家长沟通交流的能力 4.99
- 性格特点 4.06
- 与同事交流合作的能力 3.89
- 科学文化知识 3.64

图13 成为一名好老师的最重要因素平均数比较

职业的社会地位排序

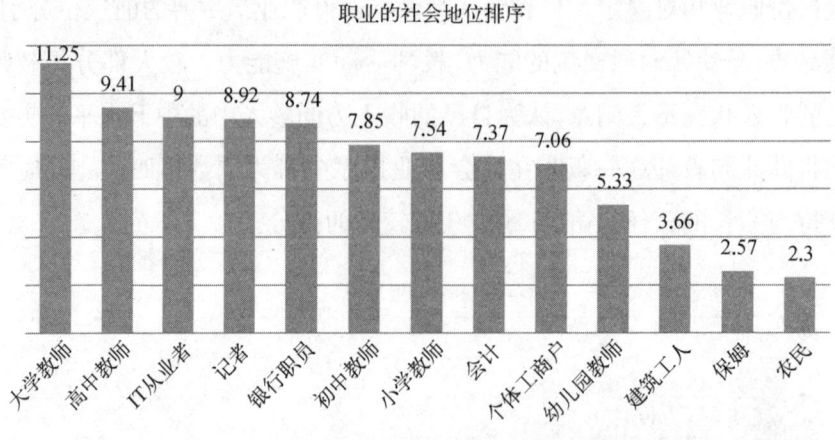

职业	分值
大学教师	11.25
高中教师	9.41
IT从业者	9
记者	8.92
银行职员	8.74
初中教师	7.85
小学教师	7.54
会计	7.37
个体工商户	7.06
幼儿园教师	5.33
建筑工人	3.66
保姆	2.57
农民	2.3

图14 男教师心目中职业的社会地位排序平均数比较

分析如下：由于问卷中较难体现教师的专业能力的相关影响因素，故而在设计问卷时，我们在此板块偏重于收集男教师的专业理想及专业情感等方面的影响因素。

(1) 社会地位与经济收入

虽然当今社会，尤其是上海作为一个国际化大都市，对于幼儿园男教师的接纳程度及需求程度相对某些地区而言比较高，但是无可否认，幼儿园男教师的社会地位及经济收入并不理想。在经济收入方面，超过80%的男教师认为自己的收入处于同龄人的后60%，甚至26%的男教师选择了自己的收入水平为同龄人的后20%(详见图15)。但若从社会统计的收入水平来看，目前公办幼儿园中的教师收入高于社会平均收入水平，这与此调查情况不符。造成此处偏差的原因，我们认为这应当还是与男性须承担家庭责任，故在经济需求方面会比女性更高。另外，教师的收入不太可能在短期内成为社会高收入层次，作为教师也应尽可能去除功利性才能搞好教育；但从个体角度而言，个体童年时期形

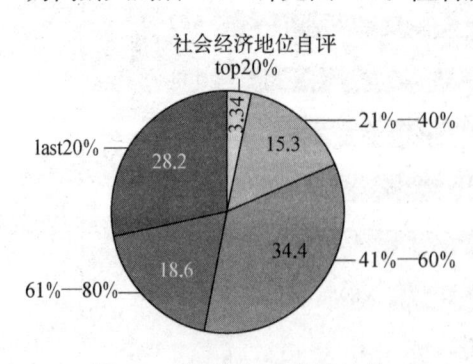

社会经济地位自评
- top20%: 3.34
- 21%—40%: 15.3
- 41%—60%: 34.4
- 61%—80%: 18.6
- last20%: 28.2

图15 男教师社会经济地位自评百分数(%)

成的对于金钱和环境的不安全感可能会造成个体成年后较为畸形的金钱观和价值观,这一点与前述"教师的无功利性"明显矛盾,这也会使得男教师在获得薪酬的同时仍显得不满足,从而造成统计结果中的认知偏差。

而从图12中幼儿园教师这一职业"社会地位高""待遇高"这两个选项排名垫底且得分极低,以及图14男教师心目中职业的社会地位排序中"幼儿园教师"得分为倒数第四,仅高于"建筑工人、保姆、农民"三项,可以看出男教师对于自己这份职业的社会地位感受度极低。同时,图14中其他学段的教师社会地位得分均明显高于幼儿园教师,故而更能反映出幼儿园男教师的社会认可度有待提升。无论是幼儿园教师的社会地位,还是待遇问题,目前都在往好的方面发展,但在短期内无法产生质的提升。这些外部客观因素可能会对男教师的职业认同感及职业幸福感产生负面影响。

(2) 家人与教育对象认可

图11中"我的家人十分支持我的工作"得分非常靠前,说明在男教师心目中家人的态度,对于男教师能否继续从事这份职业相当重要。这可从图7男教师婚姻状况调查中得到某种印证。男教师的配偶中接近半数为幼儿园女教师,当然这与男女教师同处一个工作场所密切相关,但显然同为幼儿园教师的另一半,能够更好地理解男教师(这一点是行业外的女性较难理解或认同的);而这种理解与支持,可能也是男教师选择这段婚姻的重要因素。

图11中男教师对于"我十分受到孩子们的喜爱""我十分受家长们的信任""我十分受家长们的尊敬""我和家长的沟通十分顺畅"等选项得分均较高,显示男教师在日常与幼儿的沟通交流以及班级家长工作中获得了较多的正面反馈。这些正向的反馈有助于男教师积累专业自信,获得成长。而这些外部因素(家人的支持与服务对象的认可)能够帮助幼儿园男教师在社会地位与经济收入均较低的情况下,获得更多坚持走下去的动力。

(3) 职业选择初衷

图12男教师选择本职业原因中最高分与第三高分分别为"喜欢孩子"和"学前毕业生"可以看出,男教师的入职初衷大部分是因为自己的兴趣,热爱幼

儿。而这一点也能在图9专业能力自评中"与幼儿交流"选项得分第一、图10的男教师压力来源中"幼儿相处"得分最低、图11部分观点认同中"我十分受到孩子们的喜爱"得分最高中得到侧面印证，说明男性选择这个职业时，内心对于幼儿本身或者幼教事业的喜爱与憧憬是最重要的初心与动力，至少在刚从教的职初阶段专业情感方面的力量是强大的，而这种内驱力也是支持幼儿园男教师继续从事这一职业的关键因素之一。

(4) 职业认同与期望

图11中"男性适合做幼儿园教师""如果有机会重新选择，我会继续做一名幼儿园教师"与图12中幼儿园教师"社会地位高""待遇高"排名垫底显示出这些男教师对于这份职业的认同感并不高。部分原因也在幼儿园男教师的社会地位与经济收入中进行了分析。而图11中"我将终身从事学前教育这个行业"和"我认为幼儿园教师是一份具有发展性的职业"这两项的得分也较低，显示出男教师对于这份职业的未来期望并不高。这与选择这个行业时的想法（基于之前的调查）完全不同，说明经过了一段时间的职业体验后，大部分男性教师获得的负反馈大于正反馈。

图11中"幼儿园老师转行是件容易的事"这一观点得分垫底，显示出幼儿园教师所具备的技能在整个社会中的职业竞争力并不强。同时，结合前文，课题组相信若有合适的机会，部分男教师将会转行。这也反映出虽然幼儿园的男教师从业初衷是喜爱幼儿，也愿意为此付出，但是整个社会带给男性的压力及幼儿园男教师较低的社会地位，将会消磨男教师的初心，使其内心发生一定的变化，对男教师的职业认同感与未来期望产生负面的影响。

(5) 专业成长动力与需要

图13成为一名好老师的重要因素，反映了男教师在教学实践中认为自身最应该具备的能力（而非自己最需要提高的能力）。图13中"道德品质"得分遥遥领先，显示出男教师对于幼儿教师这一份职业的神圣有着充分的认识与理解，而教师的道德品质中最重要的一条就是爱孩子，这与图12中"喜欢孩子"选项排名第一的结果有某种内在关联。这也是一名教师不断成长进步

的内心初始动力,这将促使他们不断努力提升自己,为幼儿更好的发展积蓄自己的力量。图 13 中"与幼儿沟通交流的能力"名列第二,说明男教师极为在意与幼儿的互动,认为这是自己专业发展的重要基础及努力方向。而图 9 中"与幼儿交流"排名男教师职业能力自评第一、图 10 中"幼儿相处"排名男教师压力榜最后,均说明幼儿园男教师自认此项能力极强。有趣的是,图 10 中男教师压力最大的两个来源"案头工作""课题研究"(可以某种程度上理解为幼儿发展知识)在图 13 中则得分较低,在图 9 中排名垫底,说明男教师虽然明确认识到自身某些专业能力的不足,且感受到了园方的压力,但仍然认为这并不是自己最需要发展的能力,专业成长动力不足。两相比较,反映出男教师更愿意在工作中面对教学一线,与幼儿接触,而不愿面对枯燥的文字工作。这也许与男教师本身的性别特质有关。而这可能会导致男教师专业能力发展中的某种失衡,强项不断增加,弱项停滞不前。

(二) 幼儿园男女教师专业化发展的比较研究

经过了第一阶段的研究之后,在对上海市幼儿园男教师专业现状的了解及明确专业发展特质即专业知识、专业能力、专业理想、专业理念、专业归属、抗专业倦怠[①]六方面的方向明确后,我们着手开始第二阶段的研究。此阶段研究主要通过不同阶段幼儿园男女教师专业发展的比较研究,寻找是否有有别于女教师的男教师专业成长特质,并为第三阶段的研究指明方向。

本章节的研究是前期研究中处于核心位置的内容。

在研究开始之前,我们围绕课题内容展开了一系列讨论,并制定了一些非正式假设。其中包括"幼儿园男女教师在实际教学过程中存在差异""一所幼儿园中教师队伍组成的性别比应为 1∶1""从儿童发展的角度而言,男女

---

① 注:为便于研究的开展,也为了让描述变得更为清晰明确,在此章节内,我们将专业归属及抗专业倦怠合并为专业情感。

教师给予儿童的发展促进作用是不同的"等。众多假设皆指向了同一个根本内容,即幼儿园男女教师之间是存在差异的。研究其差异对于进一步放大不同性别教师在教学过程中的优势或有的放矢地弥补某一性别的劣势是很有意义的。但围绕着男女性别上的差异究竟体现在何处是未知的。

同时,研究男女教师专业化发展的差异,对本研究而言又是必不可少的。从研究路径来看,本章节涉及的研究内容是后续研究的必要条件——幼儿园男教师梯队发展模型的建立势必需要考虑到男性在幼儿园发展过程中的清晰特点,否则其团队建设将会无异于传统的模式。

在开展此项研究之前,研究团队对于结果的期望基本持乐观态度。通过前期的问卷调查,我们已经发现了在众多不同领域,男女"有别"。但具体区别在哪儿,期望能够通过这项研究得到结论。因此,在研究方法的使用上,也就比初期设立项目时所制定的方法更进一步细化了。

此阶段的研究方法主要由内容分析法、文本分析法、访谈法组成。以下主要在课题立项初期所表述的"研究方法"基础上对本章节采用的三种研究方法进行进一步说明。

内容分析法:考虑到专业能力、专业知识是专业成长特质中最具有代表性也最能直接反映教师专业发展水平的两项,将内容分析对象定为教学视频,也正由于现场教学视频直接对应这两项能力,因此内容分析主要聚焦于专业能力与专业知识上。胜任幼儿园教师所需要具备的能力,本段包括课堂教学能力、科学研究能力、教育教学设计能力、与人交往能力、通识知识、各领域学科知识、保育知识等。本研究中,考虑到具体的研究对象,研究内容定位为"从教师的集体教学活动现场视频为切入点,研究男女教师在专业能力及专业知识这两方面的发展特质"。

值得说明的是,尽管专业知识与能力包含的内容较多,但在使用内容分析法进行的研究对象——即集体教学活动是有一定指向性的。经过团队的反复商议,我们认为,集体教学活动主要聚焦于"课堂教学能力、教育教学设计能力、通识知识、各领域学科知识"。原本计划想要进行的研究应当全面覆盖专业知识和能力包含的所有内容,这就需要通过对教师完整的半日活动进行全方位的研究,对重点活动如集体教学活动、生活活动、游戏活动等进行详细研究,甚至还需要通过其他研究方法对教师所在工作环境进行研究。而集体教学活动作为幼儿园每天都会进行的一个活动内容,是具有一定的代表性的:其时间短,但师幼互动频率高;活动设计往往反映了设计者全方位的考量;具有方便研究者进行研究的诸多因素。限于时间和团队规模,我们不得不遗憾舍去这部分内容,以集体教学活动作为主要抓手开展研究。

评分指标及一致性检验相关情况说明:

根据研究目的,选择一定数量的教师集体教学活动视频资料,依据教师性别、教师不同发展时期作为两个维度进行分组,每组3个集体教学活动。由5位研究者对18个集体教学活动进行评分。

以上海市教委教研室办园评价指南的试点观察表为基础,结合研究者所在的幼儿园开展的前期课程研究相关成果,设计和确定了"教师专业——课堂教学、教学设计能力评分表",供评分者在观摩视频后为执教者评分。评分表由8个具体指标构成,部分指标倾向教师的教学设计能力,部分指标倾向教师的课堂教学能力,具体见表5。

表5 教师专业——课堂教学、教学设计能力评分表

序号	评分指标	能力倾向
1	目标清晰、准确,突出重点	教学设计能力
2	合理处理知识技能与过程方法、情感态度的关系	教学设计能力
3	有意义、有价值、符合年龄特点	教学设计能力
4	环节设计循序渐进,由易到难,突出重难点	教学设计能力
5	体验、理解的基础上迁移、运用经验	课堂教学能力
6	提供丰富机会,创造性地解决问题	课堂教学能力
7	大量的生生互动、师幼互动的过程,幼儿参与其中	课堂教学能力
8	有良好的倾听习惯,有个性化的大胆表达习惯	课堂教学能力

评分者根据具体指导内容,从1分到5分对执教者进行评分,执教者的教学行为和教案设计越贴近指标描述的得分越高,得分越高代表教师的专业知识能力越强。

5位研究者针对另外的一个随机集体教学视频进行了评分,通过评分者一致性检测第1次、第2次,k值0.564和k值0.833,对于指标5和指标6的评分者理解与评分标准有较大差异,通过两次集体观摩视频讨论和集体培训,对于这两条指标达成比较一致的评分准则。第3次评分者一致性检测,肯德尔和谐系数检验得到结果如表6:

表6 幼儿园男女教师比较研究内容分析法肯德尔和谐系数检验统计

N	5	df	6
Kendall W^a	.909	渐进显著性	.000
卡方	27.258	a. Kendall 协同系数	

如表6所示,肯德尔和谐系数W值为0.909,认为关联程度较好,因此我们认为这5位评分者的一致性较高。

此次集体教学活动评分,共发放72份评分表,一个集体教学活动由5位评分者中的随机4位对其进行打分,有效回收评分表72份。

文本分析法:本研究主要研究对象为新手期、发展期和成熟期男、女教师"个人发展四年规划"中的发展目标和具体措施;成熟期男教师样本数量过少,不做主要分析。"教师个人发展四年规划"是教师对个人专业发展目标的具体呈现,体现了教师对自己发展的要求和方向。教师在四年规划中制定了层层递进式的发展目标,第一年到第四年各阶段都制定了不同的具体目标和实现这些目标的措施。选择"教师个人发展四年规划"能快速有效地得到关于教师专业成长特质(包含了专业知识、专业能力、专业理想、专业理念和专业情感五方面)的内容,有助于研究者对教师的发展目标、具体措施进行系统的归类。"教师个人发展四年规划"的制订对于不同教龄、不同阶段的教师本身就是不同的,而同一阶段的教师也有不同的目标和预期,四年规划具有个性化和阶梯性,体现了个体教师阶梯进阶式的发展。

编码情况说明:将每一个阶梯层次的教师的四年规划,细化到每一年的发展目标和具体措施进行分析,即新手期教师第一年的目标包含哪些方面,第二年的目标包含哪些方面,以此类推。

对男、女教师"个人发展四年规划"中的"发展目标"和"具体措施"进行编码,一级编码为"专业成长特质",将各条目标和具体措施根据二级编码"专业知识""专业能力""专业理想""专业理念""专业情感"进行归类,(如"认真备课,做好反思"可以归类于专业能力),分析男教师对于自身专业成长哪些方面有更多的预期和要求,再和同阶段、同教龄的女教师专业成长目标与措施对比,分析两者的主要区别。

访谈法:为了更好地了解男女教师对于自身发展认知与想法的不同,我们采访了不同年龄阶段的男女教师,围绕"专业理想""专业信念""专业情感"三方面设计了访谈提纲,以期获得教师的最真实、最直接的想法。之所以选定以上三方面,主要是由于相同阶段的研究中,围绕另两方面即"专业知识""专业能力"的研究内容较多。(访谈提纲见附录二)

鉴于研究者所在的幼儿园教师队伍整体年轻化,在休伯曼"生命周期阶段"理论的基础上将教师的专业发展阶段划分为:1—3年新手期教师,有职业的热情,同时处于求职探索、自我发现的阶段;4—6年稳定期教师,适应自己的工作,发展了自己的教学风格,职业认同更高、自我发展意识更强烈的阶段;7年及以上成熟期教师,正值更深入的自我职业规划的思考阶段。本研究以以上表述作为"不同阶段"的具体划分依据。

1. 相同阶段男女教师专业成长特质的比较

(1) 专业能力、专业知识

如前述,这里的专业能力、专业知识主要以课堂教学能力作为切入口,借内容分析法进行分析。

① 总分概况

如图16所示，首先，新手期女教师的集体教学活动得分持平甚至高于发展期女教师。新手期男教师的集体教学活动得分普遍低于发展期男教师得分。其次，在相同阶段男女教师比较中，新手期的男女教师集体教学得分差距不明显，但在发展期，男教师得分明显高于女教师，差距逐渐拉大。

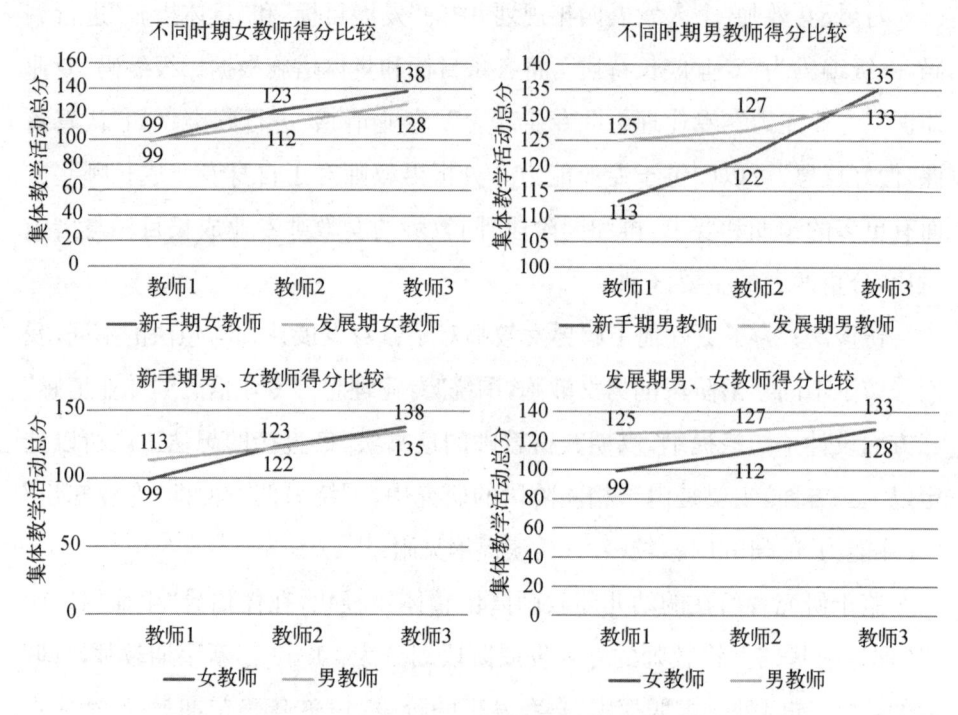

图16　各阶段幼儿园男女教师专业知识、专业能力总分①比较

② 具体指标对比

我们汇总了男、女教师各指标总分（具体见表5），其中指标3、指标6、指标7三个具体能力内容，不同发展期的教师，男教师得分均高于女教师。新手期教师在其他项目得分上基本接近。发展期男教师的各项得分均高于女教师，个别项目持平。

---

① 图中所呈现具体数值为4位评分者做出评分的总和。

三 研究结果

发展期男教师与新手期男教师相比各项指标得分均比前一时期得分高，但发展期女教师在指标1、指标2、指标4、指标5、指标6的得分均呈现出下降。

具体各指标计分见图17、18：

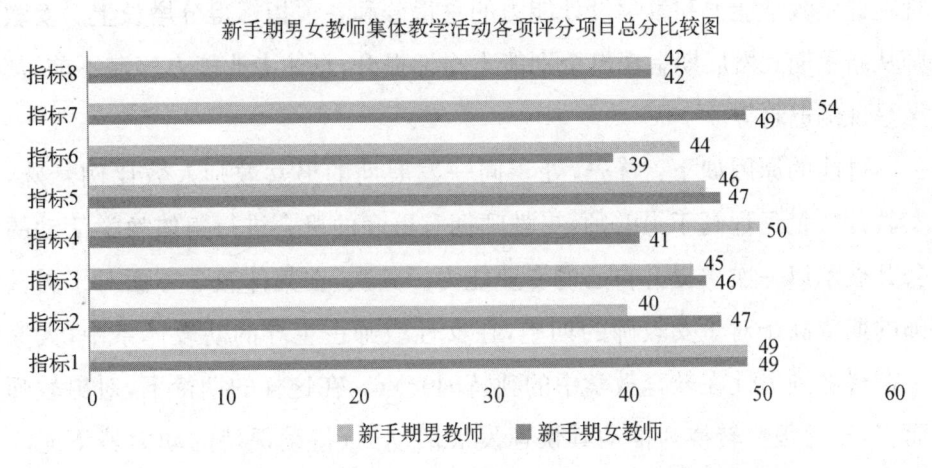

新手期男女教师集体教学活动各项评分项目总分比较图

指标	新手期男教师	新手期女教师
指标8	42	42
指标7	54	49
指标6	44	39
指标5	47	46
指标4	50	41
指标3	46	45
指标2	47	40
指标1	49	49

图 17 幼儿园男女教师（新手期）专业知识能力总分比较图①

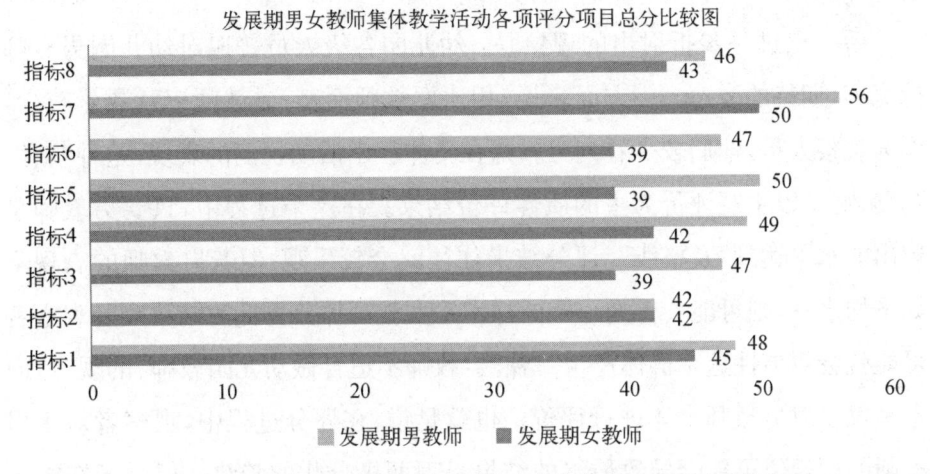

发展期男女教师集体教学活动各项评分项目总分比较图

指标	发展期男教师	发展期女教师
指标8	46	43
指标7	56	50
指标6	47	39
指标5	50	39
指标4	49	42
指标3	47	39
指标2	42	42
指标1	48	45

图 18 幼儿园男女教师（发展期）专业知识能力总分比较图

---

① 图17、18中呈现的具体分值是由4位评分者对某具体阶段中的3位被评分者做出的某指标总数。

③ 结论及原因分析

Ⅰ.男教师专业能力发展速度快于女教师

我们发现,男女教师专业能力方面的发展速度存在差异。男教师从新手期到发展期呈现出稳步地较快速能力增长,且增长程度大于女教师,具体表现在课堂教学能力和教学设计能力的总得分和各项指标得分增长上。女教师从新手期到发展期呈现出个别能力指标提升,总体专业能力停滞不前,甚至呈现倒退趋势。

可能的原因如下:首先,处于同一发展期的男女教师人数比例悬殊,女教师数量远远高于男教师,男教师拥有更多的机会进行集体教学活动的公开展示以一次次提升自己的专业能力。其次,在集体教学方面对于男教师的期望高于对于女教师的期望,在女性教师占主导的幼教体系中,大家都期待看到男性在教育教学中的独特闪光点。在这样的期待下,对男教师而言,压力很快转换为推动其快速发展的动力(持续保持的动力若不能匹配男教师的发展水平的话,则容易重新转化为压力,从而对专业发展起到消极作用)。

后一点进一步折射出的现象是:幼儿园各级人员普遍对幼儿园男教师持宽容、期待的姿态。一方面来说,相比女教师而言,男教师毕竟数量较少,作为观察人员,他们较少看到男教师在集体教学活动现场的表现,这种"新鲜劲"影响了以主观评价为主的质性评价结果。在这个过程中,只要男教师呈现出的水平达到"及格线",评分结果往往就会较乐观;但若男教师的表现不如平均水平,则可能会得到一个同样水平女教师评分更低的结果——观察者可能就会对男性这个群体产生一种"男教师不适合做幼儿园教师"的观点,而不是仅仅对男教师个体进行评价。也就是说,在评分过程中,观察者对于男教师的期望值可能会导致最终的结果呈现两极分化的趋势。但由于在本次内容分析的过程中,大部分幼儿园男教师呈现出一种良好的职业发展态势(当然这也与男教师对自己的专业发展较为重视有关),因此,总体结果相较女教师表现得更积极。另一方面来说,一所幼儿园中的男教师,往往会获得比同时期其他女教师更多的发展机会,在日积月累、点点滴滴的提升之下,他们也会因为专业水平的发展进一步提升自信,从而呈现出更好的职业发展样态。相应地,与之相处的女教师获得的机会将会减少,这也导致了她们的专业水平相较其他不同环境中成长的女教师而言更低些。由于在本次研究中,样本中的女教师都是身处拥有男教师的幼儿园中,发展期女教师呈现的专业发展水平反而不如新手期的女教师高,就是一个显而易见的证据。因此,在同时拥有男女教师的幼儿园园所中,如何达到性别均衡发展,也是未来幼儿园发展中需要关注的一个课题。

II. 发展期男教师和发展期女教师在专业能力方面差距最明显

在比较了能体现专业能力的各项指标具体分值后,发现新手期男女教师各项专业能力差异并不明显。男教师在激发儿童学习兴趣、引发幼儿自主学习、善于利用资源和环境、能设计有挑战性的集体教学方面能力略高些,但和女教师并没有拉开差距。这也充分说明,在没有经历专业发展之前,男女教师之间在专业水平方面并没有先天性的、明显的区别。新手期的男教师并不应当急于发挥自己"男性的优势"。在正视自己性别的同时,更应关注作为一名幼儿园教师的基本素养发展。

可是经过几年发展,发展期男教师和同期女教师在专业能力方面差距逐渐明显,他们不仅在课堂教学能力、教学设计能力的指标较新手期有所提升,且和女教师相比,差距逐渐拉大;而对于课程中目标的把握能力、新旧经验的建构、实际课堂中知识技能、情感态度关系的处理方面能力逐步提升赶超女教师。

究其原因,可能如下:第一,男教师倾向的专业领域和女教师相比更聚焦,有利于其重点学习,逐渐显现领域优势。如男教师普遍擅长健康、科学这两个领域,个别男教师由于个人技能所长,可能会聚焦艺术、社会等领域;而女教师则在职初没有明显的倾向性。第二,专业理念方面的差异。发展期的女教师较男教师有更多的职业规划和职业愿景,有些偏向管理,有些偏向科研,这将会减弱教育教学能力的自我提升比重;而男教师即使将自己职业规划的重点放在教育教学之外的方向,也往往会将教育教学的提升视为自己的专业基础。第三,发展期女性重视家庭生活。由女性社会角色决定发展期女性结婚生子的概率更高,母亲、妻子身份的加入分摊了钻研专业的精力。相对而言,男教师即使已经建立了新的家庭,由于在家庭中处于核心的位置,甚至更会将目前的职业当成自己的事业开展,对于自己的专业发展会更重视。

III. 集体教学活动某些具体能力方面,同教龄的男教师始终占有优势

如数据所示,专业能力具体指标3:活动有趣、有意义、符合年龄特点;指标6:选用合适方法与资源,提供丰富机会,体现自主学习;指标7:调动幼儿积极性。这三项指标无论在哪个成长阶段的教师,同教龄的男教师始终占有优势。

我们认为这和男性群体的人格特质有关。男性看待问题更大气、无条框束缚、更自由,而选择幼儿教师为职业的男性又不乏细腻、温柔和自信,因此在集体教学活动和幼儿互动的过程中,更倾向于玩伴的角色,在调动幼儿积极性,给予幼儿充分的机会自主学习,更敢于为幼儿提供具有挑战性的探索环境,在开放性等方面始终展现出优势。此外,对于男性教师执教的集体教学活动,由女性主导的评价者普遍评价接受度更高,宽容度更高,全面性更高;男教师选择的集体教学的核心经验和教育手段往往不同女教师,削弱了对于其他一些方面的关注,相对更片面些。

回溯幼儿园男女教师普遍的求学经历,会发现其中的差异是存在的。大部分学生经历了高中学习后,心智已基本成熟,对未来从事的专业有着自己的喜好与判断。在思考是否选择学前教育专业的时候,女生往往容易受到来自家庭、社会的观点影响,例如"女孩子做个幼儿园老师不错,对自己孩子的培养也会更好""有了寒暑假,未来对于自己家庭的照料也会更有利"等,从而削弱"自身是否适合幼儿园教师"的判断影响;相较而言,男生在选择学前教育专业的时候,会受到的外界因素更少,即使存在一些额外因素的干扰也往往是和未来职业发展有关的,例如"男生少,因此在职业发

展中的机会会更多"等,他们也会考虑更多关于自身是否适合从事这份职业的因素,比如许多目前在职的男教师都表示,喜欢孩子是他们从教首先考虑的一个因素。

而进入高校学习以后,男女不同的经历对未来的职业选择依然存在相当大的影响。不少男生进入学前教育专业后,发现总体环境女多男少、不少学科偏女性化,对工作的实际环境也有了直观的认识。随着心智的进一步成熟,且从原本的想象到如今的实际中必定存在一定的差异,这又使得男学生产生了新的职业选择方面的思考——学前教育男生在大学中转换专业的也占据一定比例。相对而言,女生则经历了另一种截然不同的过程:即使在学习过程中觉得自己不适合学前教育专业,也往往受制于家庭压力或社会观念的影响,坚持学业。

当直面最终的职业选择时,男女教师经历的过程仍是不同的。一方面来说,应聘之前,大部分学生及家长对未来的工作环境已经有了相当深入的直观认知;另一方面,选择职业并不是一件小事,亲历者往往会有更大的压力,使得他们不得不慎重认真地考虑这一决定。临到职业选择的那一刻,再选择转行的男性不少;而学前教育专业的女性专业对口率则处于相当高的数据水准。

大致经历了上述三个阶段的男女教师,最终进入职业发展的人群自然有些不同。对男性而言,留下的那些不仅更能保持初心,也更适合从事这份职业——其自身拥有的一些特质更适合职业发展。回到此项研究的样本,也就不难理解为什么男性相较女性所呈现的一些特质会那么明显了。

(2) 专业理念、专业理想、专业情感

这一部分主要通过访谈法进行研究,获得了以下分析:

① 专业理想方面

近三年内的专业理想,男女教师没有显著的不同,都比较契合各自的实际情况;而从长远的规划来看,男女教师则有一些不同。

不同年龄段的女教师在专业理想方面都比较务实,对于教学及专业能力

(如幼儿心理分析)有一定的发展期望。

而男教师则希望有更多的提升与展示机会,以期在10年后成为行业内的顶尖教师,有一定的行业影响力。

比如男教师在谈到未来10年的打算:

"……未来10年希望自己能够成为在行业内有一些突出贡献的老师。"

——一名从教9年的男教师

"未来10年希望自己能够成为领域内的佼佼者,掌握一些独有的特长和本领。然后在教育教学比赛中获得较高的名次,发表自己的课题,顺利评出小高职称,然后尝试去评出中高职称。"

——一名从教5年的男教师

相比而言,女教师则会这么说:

"10年内,认真进行关于阅读课题的撰写和讨论,能在科研上有所成绩,有更独特的专业水平和教学理念。"

——一名从教9年的女教师

"……10年,提升自己的科研能力,注重创新精神,提高自己的技能。在教育教学中树立一套属于自己的教学方法。做一名更优秀的幼师。"

——一名从教3年的女教师

对于未来的长远规划,确实存在一定的视野局限,但我们还是能够从表述的方式上感觉到男女之间存在较为明显的差异。这也体现了男女面对职业发展的态度及最终的期望截然不同。对男教师而言,这样的态度和期望能够给予他们正向的动力,从而进一步提升他们的专业发展能力;但同时,也必须清楚认识到,这样的期望如果不能吻合他们当前专业发展趋势的话,则有可能会给专业发展带来极大的消极影响,甚至离职。对女教师而言,相对温和的态度和期望则能使她们的专业发展过程变得更平稳,不容易受到影响波动。从教育的发展规律上而言,这种状态也更适合教育工作者的发展——在教师的专业发展中,缓慢积累最终厚积薄发是几乎所有人的发展轨迹;而带有明确功利性和目的性的做法,在短期内更容易见效,但从长远的眼光来看,则有百害而无一利。因此,应辩证看待男教师专业发展的态度和期望,并在管理方面加以注意。

② 专业理念方面

男女教师在选择幼教行业方面没有显著区别,普遍原因为喜欢幼儿。

采访中所有教师均有自己的教育理念。在面对质疑时,基本选择"求同存异、循序渐进"的方式。说明在追求学前教育的长远目标上,所有的学前教育教师无论性别,其目的是一致的。

因此在专业理念方面,男女并未呈现出明显的差异。

③ 专业情感方面

所有被采访者均对现在的工作情况表示满意,认为家长对自己的满意度较高,园方也对自己较为重视。但男教师对于幼儿教师这一职业的认同感明显低于女教师,女教师比男教师更为认可幼儿教师的发展前景,更多的女教师愿意将幼儿教师作为一个终身事业。男女教师在这个过程中体现出的认同感不同的现状,其原因更多应来自社会普遍的看法和氛围,说明即使进入职业发展一定时间之后,此方面的影响并没有因此而变弱。此外,部分男教师(通常是新手期之后)对于职业的认同感略低,可能同样受到经济压力或专业成长不符合预期的原因导致。

男女教师的工作压力来源有明显不同。女教师的工作压力中多次提到班级管理(幼儿方面)及家园沟通,而男教师工作中的压力则更多来自领导的检查、考核。两者的不同也反映出对于教学关注的重点及相关能力上的差异。疏解方式则与教龄有关,成熟期的教师往往依靠经验自行化解,而年轻的教师均选择向前辈请教。

另一方面,男教师在工作中希望获得比现在更多的特别关照,虽然女教师认为这份关照已然不少。因此,我们可以认为,相比女教师而言,男教师对于职业的认同感和归属感上都较弱。但我们也认为,目前选择的样本教龄毕竟还较小,随着男教师教龄的增长、大环境的改变,对于男教师在专业情感方面的提升持乐观意见。目前所有围绕幼儿园男教师的研究都没有涉及成熟期男教师的研究,即使有(接近成熟期的男教师),也往往是个案研究,不具有普适性。这可能可以成为后续研究的一个新契机。

④ 结论

可以看出,男教师在工作中思维更为跳脱、愿意创新、尝试新事物,而不愿墨守成规;对未来有着更高的期望与追求。而女教师则对于班级规则、幼儿安全等方面更为重视;预期目标也更为贴近日常工作本身。另外,男教师在家园沟通方面有着较为明显的优势。但同时,男教师对于本职业的认同感不如女教师,倾向于将幼儿教师作为现阶段谋生手段而非自身事业的男教师比例明显高于女教师;而少部分职业认同感强的男教师,则更倾向将工作当成事业进行,其认同感较女教师更强。男教师自认为受到的关注与照顾还须进一步加强。

同时,通过本项研究内容,我们也意识到在研究过程中还存在一定的问题:收集到的信息、样本的覆盖范围都还不够全面。围绕前一个问题,首先可以通过进一步收集更多的关于成熟期男女教师的教学样本进行评分和数据回收,挖掘男女教师从新手期到发展期最后到成熟期的成长过程特质方面的差异。其次,深入研究男教师执教者,结合他们的专业规划,探寻影响他们在专业能力发展方面存在差异的因素;通过访谈法进一步对男女教师进行研究,了解他们不同发展阶段的影响因素,结合文本分析的方式梳理和归纳出男教师专业发展的特质及影响因素,从而为研究男教师管理模式和支持发展策略提供更可靠的基础。而后者,由于目前男教师教龄偏长的样本数过少,经过一定时间沉淀后或可开启新的研究。

2. 不同阶段男女教师专业成长特质的比较

本段主要通过文本分析法,对不同阶段男女教师的所有专业成长特质进行比较研究。研究主要聚焦于男女教师的"个人四年规划"开展。由于该计划性文本是结合前期发展情况及未来发展方向的综合文本,几乎全覆盖了目前本研究所包含的五个围绕专业成长特质的内容。研究所针对的文本内容主要可以分成"发展目标"与"具体措施"两方面。具体情况如下:

(1) 研究分析情况

① 新手期教师

通过对新手期男女教师四年规划发展目标、具体措施的编码统计(数据结果见图19、20)发现以下结论:

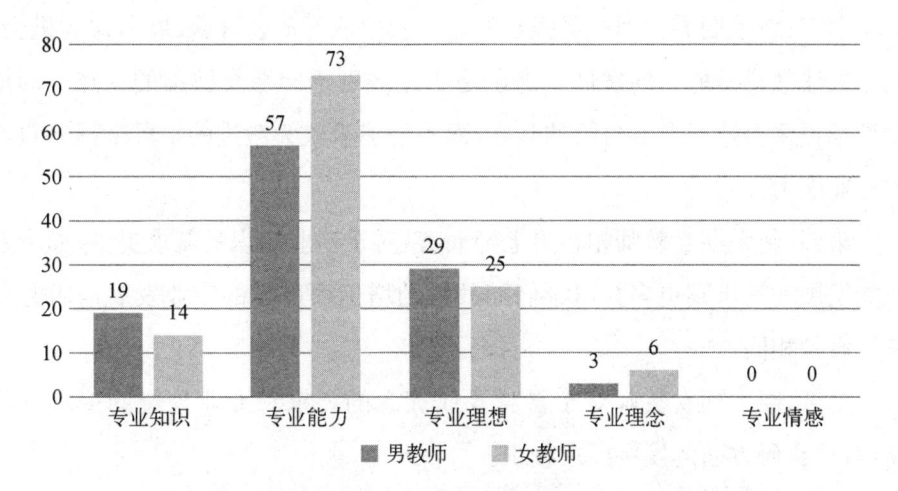

	专业知识	专业能力	专业理想	专业理念	专业情感
男教师	19	57	29	3	0
女教师	14	73	25	6	0

图19 新手期幼儿园男女教师四年"发展目标"统计比较图

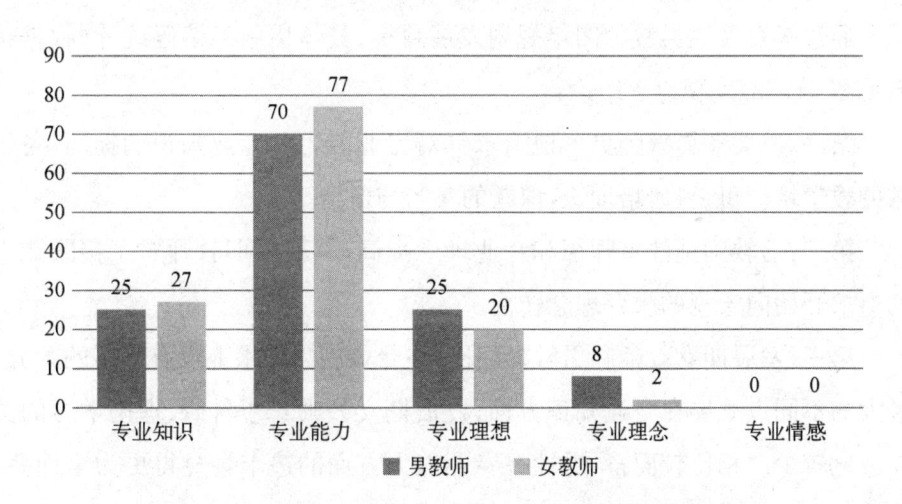

	专业知识	专业能力	专业理想	专业理念	专业情感
男教师	25	70	25	8	0
女教师	27	77	20	2	0

图20 新手期幼儿园男女教师四年"具体措施"统计比较图

第一，新手期男教师对于专业知识和专业能力提升的需求远高于同性别发展期教师和成熟期教师，通过观摩有经验的老师的半日活动，阅读相关的专业书籍来丰富自己的专业知识，提升自己的专业能力。新手期教师对于专业知识的需求随着教龄的增加而逐渐减少，但对于专业能力的培养保持较高的水平。

第二，新手期男教师对于自己的专业规划，随着教龄的增加而越来越关注自身专业理想的实现，在第三年、第四年时呈直线式地上升。

第三，新手期男教师有更强烈的意愿去争取开放公开课、展示课的机会，还会关注教科研能力的发展。这也是明显区别于同期女教师的一点。同期女教师更多会选择夯实自己的基础，而不是追求较为激进的手段来提升自己的专业能力。

第四，新手期女教师相较男老师而言，对于专业知识的需求更少，而专业技能发展的需求则更多。但她们随教龄的增加而所需的专业发展需求趋势和男教师相同。

第五，新手期女教师对于自身专业理念的要求和专业理想的追求不明显，对于科研方面的发展要求较少。

② 发展期教师

通过对发展期男教师四年规划发展目标、具体措施的编码统计（数据结果见图21、22）发现以下结论：

第一，发展期男教师更多地追求针对专业能力和专业知识的提高，各领域的教学培训班、科研培训班、课题的参与与申请。

第二，男教师更注重师德和专业理念提高，从新手期教师对于实践能力的追求开始向宏观的教育理念转变。

第三，发展期女教师和男教师相比，在专业能力追求上没有太多的差异，最大的不同点主要在专业知识方面，发展期女教师对于科研、理论学习的关注占比较少。相比较而言，男性在专业能力方面的追求会显得更为全面些，但这些差异并不十分明显。

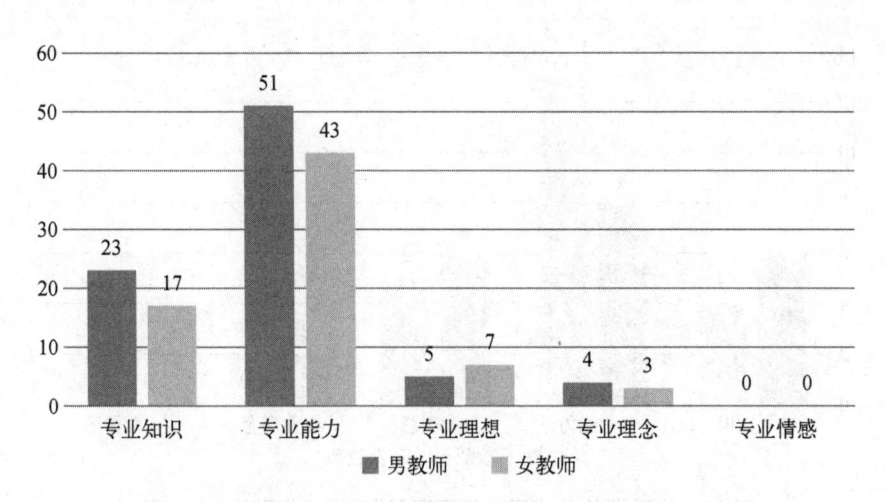

图 21　发展期幼儿园男女教师四年"发展目标"统计比较图

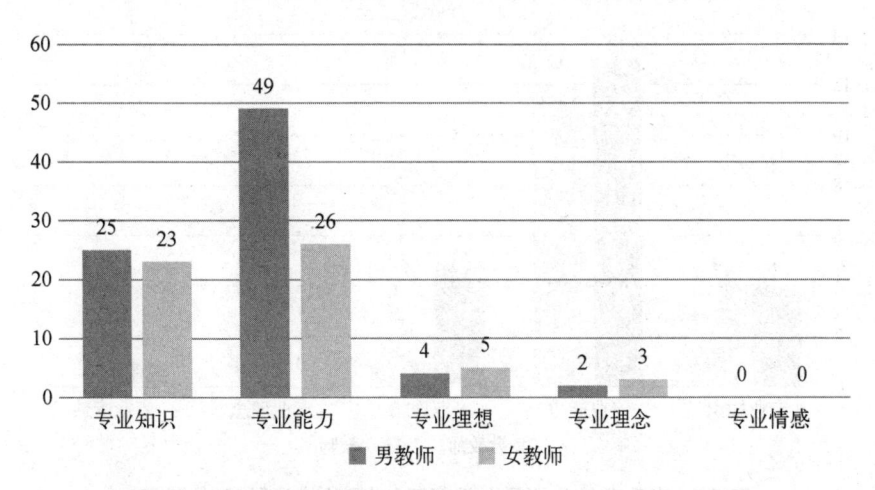

图 22　发展期幼儿园男女教师四年"具体措施"统计比较图

第四,发展期女教师对于专业理想的梳理一般为成为某一领域的成熟期教师,能够尝试带教新手期教师;而同阶段男教师一般希望成为综合领域的领头人,以小教研组长、幼高职称等为近期目标。也就是说,男教师的目标会设置得更高些,这一点在两者之间的差异较为明显。

③ 成熟期教师

通过对成熟期男教师四年规划发展目标和具体措施的编码统计(数据结果见图 23、24)发现以下结论:

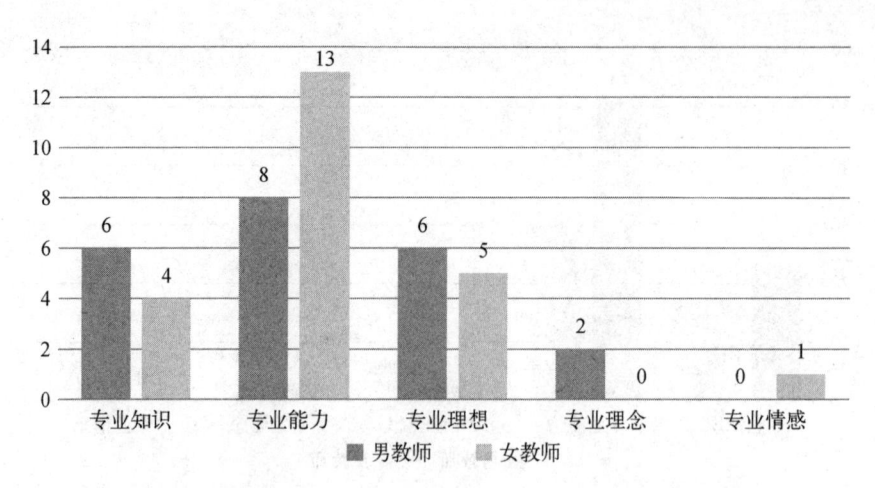

图 23　成熟期幼儿园男女教师四年"发展目标"统计比较图

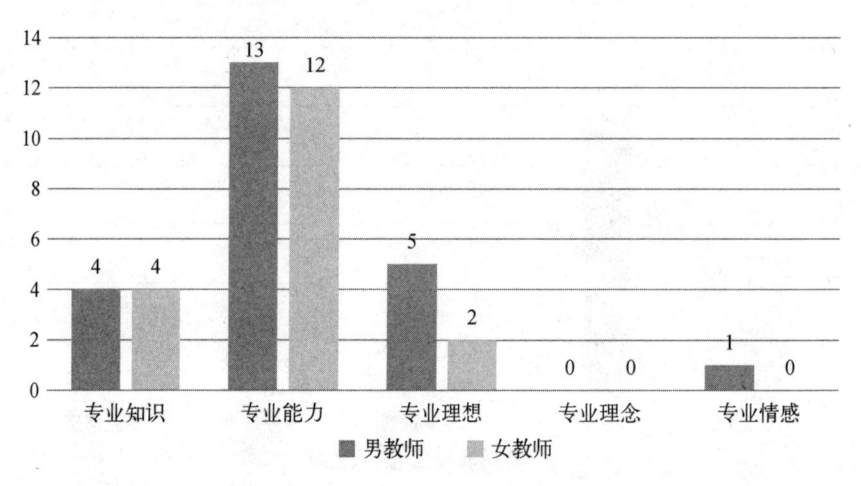

图 24　成熟期幼儿园男女教师四年"具体措施"统计比较图

第一，教师专业发展以专业能力的提高为主要方面，区别于新手期男教师与发展期男教师自身专业能力的提高，成熟期男教师的专业能力提高集中于作为教研组长、带教导师等专业辐射能力的提高。

第二，成熟期男教师开始关注理论层面的专业知识成长，例如开始关注教育科研工作。在新手期的男教师普遍呈现出对理论学习的热情，但在发展期减弱，而到了成熟期又一次开始重视理论学习，其原因可能来自实践工作中的变化和需要。

第三,男教师会站在教育管理的角度思考幼儿园课程的开发、组织理论团队对1—6年的教师进行培训指导等事宜。第一点中提到的以及这一点体现的情况,往往是由于男教师身份的转变——这个教龄的不少男教师已经担任教研组长等职位,相比单纯的教师而言,他们考虑问题的视角也会有所不同。

第五,由于女教师的社会、家庭职能,此阶段的女教师一般会出现转变,部分个体出现职业倦怠感,着手调整家庭和工作间的平衡,重新找寻专业情感。

第六,女教师开始追求专业能力上的特色和创新,专精于组织教学活动,寻找相较于其他教师脱颖而出的亮点。

第七,女教师希望将自身专业能力、专业知识进行整合,尝试带教新教师。

(2) 研究结论

① 由于幼儿园男教师性别特征的特殊性,其获得晋升的可能性更大,在身份、职责等方面变化较女教师更大。所以同阶段男教师相比女教师来说对于专业实践能力的追求会更多元,领域更广泛。

② 男教师对于专业知识的追求会高于同阶段女教师,在教育科研方向会(或更倾向)投入更大的资源与精力。

③ 无论哪个阶段的男教师相比同阶段女教师在专业理想上的追求都略高。其中,随着教龄增长,则其相关数值渐趋降低,逐步与女教师持平。同时,对专业能力与专业实践更关注这一现象,也反映着男教师在专业理想方面的诉求。

④ 男女教师对于专业理想的追求没有显著的差异,随着教龄的增长,师德、教学风格开始定型,投入的资源和精力开始下降,甚至呈现出一定的职业倦怠感。

⑤ 由于女教师社会和家庭性职能的存在,相比起男教师在专业情感方面更容易出现职业倦怠和归属感偏差;而男教师社会和家庭职能的存在,在某些阶段会明显影响到其专业情感,并呈现两极分化的现象(或激发进一步的专业发展热情,或对其职业产生明显的不认同感)。

通过本项研究，我们可以发现，在不同阶段男女教师专业发展特质中，专业知识、能力、理想、理念四大方面都已涉及，也较为清晰地呈现了不同阶段男女教师专业发展中的不同，但围绕"专业情感"即专业归属、抗专业倦怠方面的文本内容较少，信息不够全面的现状导致可供后续参考的价值不高。剖析此现象发生的主要原因，一方面是受制于"四年发展规划"这一文本的理性内容特性，另一方面也是由于专业情感这一特质本身较难显性表现。结合"相同时期男女教师专业特质发展的比较研究"中访谈法的效果来看，后续研究若可涉及更多围绕"专业情感"方面的针对性比较研究，可能会对进一步归纳男教师专业发展特质形成积极效果。

3. 相同阶段男女教师专业成长路径的比较

结合前两个阶段的研究，对于教师专业成长路径的比较，我们已可得出两个明确的观点：幼儿园男性教师和女性教师在专业成长的过程中确定存在差异；差异主要体现在除专业理念之外的其他专业发展特质上——我们已经可以模糊地看到男女教师在专业成长路径上的不同，这仍需要进一步地梳理。

这里需要特别指出的是，"幼儿园女教师的专业成长路径"基本等同于传统意义上的"幼儿园教师专业成长路径"；围绕此方面的研究不少，具备了一定的研究深度，故在本课题研究中不再深入阐述，仅作为幼儿园男教师专业成长路径的比较对象。

为了表述的逻辑性连贯，也为了更进一步揭示幼儿园男教师专业成长路径的必要，这里不对幼儿园男女教师的专业成长路径比较进行重复性表述，具体可见后续章节及图29。

（三）幼儿园男教师专业成长的特质

在前期对不同阶段男女教师比较研究的基础上，我们逐步明确了男教师在专业成长方面确实有异于女教师的方向。因此，我们继续通过更有针对性、更完备的访谈设计与文本分析法,来确定幼儿园男教师的专业成长特质及其影响因素,同时描绘出关于幼儿园男教师成长阶段、成长路径的基本情况。

吸取了前一阶段的经验,这项研究主要采用访谈设计与文本分析法两种,主要考虑到以下两个因素:

围绕"专业情感"即"专业归属""抗专业倦怠"方面的前期研究内容不多。其主要体现在问卷调查中,但除此之外,例如文本分析法中涉及的样本"个人四年规划"等中体现较少,而访谈法可以更注重倾听个体的心声,文本分析的样本也可以更有针对性,选用的这两种方法可以更聚焦专业情感方面的信息。

围绕五项"专业成长特质"的研究呈现出了男女教师在专业发展过程中的不同,但其"不同"仍显模糊。例如,之前的访谈法由于需要对男女教师进行比较,故其提问设计较为浅层,获得的信息也就显得更为有限。进一步开展的访谈法,通过访谈提纲的针对性设计,则可以将相对模糊的信息清晰化。

专业发展特质的概念决定了研究性质主要为质性研究。而结合专业发展特质的发展路径研究则需要专业发展特质的凸显更明晰。国内外的前期研究都已充分显现出,专业发展路径的研究需要更长的研究周期才能进行。本研究的研究周期为三年,实则较难体现完整的发展路径及发展过程中的变化;同时,由于幼儿园男教师仍属于"小众群体",故其样本数量、覆盖范围等不能得到充分保证。因此,在课题进展到目前的状态时,课题组成员进行了一个为期两周的讨论活动,主要就先前的研究进行反思,以及对之后的研究形成新的想法以便更好地达成课题研究目标。讨论过程中存在不少的争议点,最终课题组达成共识,形成了本阶段的具体研究方法与内容。

1. 男教师专业成长特质的进一步确立

本阶段研究主要采用结构式访谈法(访谈提纲见附录三)与文本分析法进行研究,运用的方法相关说明如下:

结构访谈法：以问题为单位，对收集到的访谈记录进行整理，获得了一定量的完整且有效的访谈记录。采用 Nvivo11 软件，对部分访谈记录进行词频搜索。采用此方法，为达成三个目的，即：了解男教师是否明确自己专业成长方面的特质；了解男教师对于目前自我的专业发展的认可度；了解男教师对于将来专业发展的需求；弥补对于专业情感方面缺失的信息。目的的制定，除了为进一步确定前述研究的结果之外，还为后续的研究进行铺垫。

文本分析法：与访谈分析不同，文本分析涉及的对象范围更广，数量更多。样本内容主要为男教师撰写的教育随笔、心路历程类的文字，而提供样本的男教师来自全上海市范围内不同区域、不同类型的幼儿园，有着各不相同的经历，也处在不同的发展时期。我们希望借由对男教师撰写内容的分析，挖掘共性与个性倾向和特征，对其进行梳理与分类，从而进一步挖掘影响男教师专业成长特质及其可能形成的因素，继而进一步佐证男教师专业成长特质的存在并完成相关研究报告。在对男教师所撰写的相关文章进行深入阅读和分析后，我们将文章中的关键信息进行提炼、整理和归纳，发现男教师在关注自己成长轨迹，感受自己成长变化，感悟自己成长收获的过程中都表现出了一些专属于男教师的思考角度和情感倾向，这些角度和倾向则恰恰反映出男教师在专业成长上的与众不同之处。经过梳理，我们以从文章中提取关键词的方式来呈现与归纳男教师专业成长特质中的不同之处。

为了方便研究的开展，也为了表述得尽可能清晰、简洁，本阶段研究依然将专业归属与抗专业倦怠这两项内容合并为"专业情感"进行表述。同时，限于访谈方法与文本分析内容的局限，两种研究方法未能对六个专业特质进行全面覆盖（具体来说，研究基本覆盖了除了"专业理念"之外的其他特质——但通过前期研究，在"专业理念"部分并未呈现出较为明显的男女教师的差异）。具体分析如下：

(1) 专业知识

这部分在男教师们的文本资料中提取的关键词为"倾向""爱好""冷门"，分析如下：

① 倾向：在专业知识领域，我们通过分析发现，男教师撰写的文章中会表现出很明显的倾向性，这种倾向性主要体现在教学领域、幼儿社会性情感发展、科研成果等方面。首先，在教学领域上，很多男教师存在专业知识的领域倾向，在 30 余篇教学随想中，有 11 篇是关于教学经验的随笔，而其中 6 篇是科学活动、3 篇是运动活动、2 篇是语言教学，完全没有音乐、美术等艺术类活动的教学感悟。由此可见，男教师的专业知识至少在样本中所呈现出来的领域倾向还是非常明显的，男教师普遍更愿意进行科学、运动等教育教学活动实践，在这些领域他们的专业知识是非常丰富并且在持续提升的。这与实际情况吻合（实际情况中也包含了极少数"专攻"艺术领域的男性教师）。其次，在对幼儿社会性情感发展的培养上，男教师也表现出了专业倾向。在这方面，男教师会更多地关注对幼儿勇敢、克服困难、接受挑战、同伴合作等社会性发展的培养，对此类教育契机会更加敏感。在男教师撰写的案例中可以看到：同样面对幼儿运动游戏中的跌倒，男教师第一反应是鼓励他站起来继续加油，而女教师则会本能地先关注幼儿是否摔伤，然后鼓励周围同伴向他提供关怀（当然，这是男教师的主观表述，实际情况与此略有出入）。由此可以看出，男教师在幼儿社会性情感发展的培养上是存在倾向的：总体来说，他们更想要将偏男性的特质纳入教育活动中。第三，从撰写的文章中，我们发现，男教师的专业知识总结（科研成果）多倾向于对教育教学实践的探索，包括集体教学、多媒体应用、运动环境创设等；领域上则倾向于科学、语言、运动等领域的研究，几乎不会涉及幼儿生活、艺术等内容。这也与实践中的倾向相吻合。

② 爱好：在专业知识的学习上，男教师的兴趣爱好更可能成为进一步提升专业知识的助力。从案例中可以发现，很多男教师对科技前沿产品或信息敏感，更可能有相关爱好，这样的情况下，他们在专业知识中的某些领域，就会表现出更好的学习兴趣和胜任力，例如教育教学中的多媒体技术、运动技能培养中的球类运动等。当然，在实际工作中，也有一些喜爱音乐、有绘画艺术特长的男教师，但在研究样本中，并没有呈现出对此类领域教育教学十分

擅长的文章,这说明懂艺术和开展艺术教育是完全不同的两件事,还需要更深层的学习和实践。继续思考这个现象,原因有二:相比于其他领域,可能是由于学前教育的艺术教育需要更多的积累才能有所建树,而受限于目前幼儿园男性教师的总体数量较少、队伍较为年轻,故还未有相应的成果出现;也可能是由于学前教育艺术本身更适合女教师开展教育活动,而男教师在这个领域中还未找到适切的定位。希望有更多热爱艺术的男教师,能够将艺术与专业知识真正结合起来,转化为专业能力从而让幼儿受益。

③冷门:通过分析发现,在专业知识的发展上,男教师还有一个很有趣的表现,即关注冷门经验。例如:在教学随想中可以看到诸如"博弈行为""契约精神"等标新立异的词汇,男教师对幼儿成长中的一些冷门经验的教学很感兴趣,喜欢研究和开展类似经验的教育教学活动。关注冷门也为男教师的专业知识成长提供了一些营养,使他们在某些教学工作上表现出更多的激情和创造力,常常给幼儿带来很多新鲜的学习内容,更能激发幼儿的学习兴趣。关注"冷门"结合前述的"爱好",其中也有一些重叠的部分,例如"爱好"中提到男教师对前沿科技或社会热点信息特别敏感,在"冷门"中出现的部分词语也可归于此类。这样的现象反映出幼儿园男教师较为活跃、贴合热点的教育倾向。

(2) 专业能力

这部分在男教师们的文本资料中提取的关键词为"性别差异""钻研力",分析如下:

①性别差异:男女教师之间因性别差异而造成专业能力上的不同是非常显性的表现,一谈及男女教师之间的差异,我们往往会从性别入手进行分析——在研究第一阶段,我们也曾就此问题进行深入思考,在此就不赘述。从男教师自身成长感悟中,有数篇谈及女教师的文章,经分析发现,很多男教师认为,男女教师的性别差异对于专业能力的影响并不仅体现在性别差异本身,即所谓的性别不同而能力不同,他们觉得性别差异更多地给他们带来了自我反思的机会,帮助他们发现自身的优势,同时扬长避短,让自己的专业能力在此基础上得到更好的认识和发展。因此,男教师可能会比同期的女教师

更早、更准确地发现自己的特长、形成独特的风格,从而与同期女教师在某些专业能力方面拉开差距。

在图 25 中,我们可以发现:教师(指女教师)一词的所占比例也很高。查找具体访谈内容发现,30 位访谈者中,21 位教师不自觉地在谈论到自己专业发展优势时会先和女教师比较,再而会进一步考虑自己作为教师个体的表述。在挖掘自己的优势过程中,15 位男教师在表达中用了"可能""也许"等不确定的词来表述,例如:"……和传统女老师相比可能我信息化方面有优势……""可能我比

图 25 男教师专业成长发展特质专业能力的词频统计 1

女老师胆子大一些""也许和孩子相处方面男老师更容易和他们玩在一起""可能在教学方面更有自己的优势""也许科学活动方面比女老师有优势"等。在比较的同时,往往也带有一些不确定、不明显的指向性。这些"不确定"可能代表着一种谦虚的态度,也可能是源于对自身专业能力的不自信及对他人能力的不了解。

10 名教师从自身工作前就具有的专业特长,例如舞蹈、艺术、乐器等,来说明自己的优势,用的短句基本以"我认为""我觉得"等比较肯定的短语。可见,通过挖掘自身性格、特长优势的男教师在工作中的自我认同感更高,也表现得更为自信。

表 7 男教师专业成长发展特质研究专业能力词频百分数(%)1

单　词	计　数	加权百分比(%)	相　似　词
可能	28	15.30	可能
教师	24	13.11	女老师、教师
孩子	13	7.10	孩子

续 表

单　词	计　数	加权百分比(%)	相　似　词
专业	13	7.10	专业、优势
优势	13	7.10	优势、成长
教学	8	4.37	教学
孩子	6	3.27	幼儿
技术	8	4.37	技术、信息化
兴趣	4	2.18	兴趣
科学	4	2.18	科学
设计	4	2.18	设计
资源	4	2.18	资源
集体	4	2.18	集体
胆子	4	2.18	胆子、勇敢
性格	3	1.63	品质、性格
教育	3	1.63	教育
方法	3	1.63	方法、手段
电脑	3	1.63	电脑
经验	3	1.63	经验、体验
领域	3	1.63	领域
亲近	2	1.09	亲近
反思	2	1.09	反思
带班	2	1.09	带班
快乐	2	1.09	快乐
思维	2	1.09	思维
敢于	2	1.09	敢于

续 表

单 词	计 数	加权百分比(%)	相 似 词
物理	2	1.09	物理
美术	2	1.09	美术
认真	2	1.09	认真
ppt	1	0.54	ppt
互动	1	0.54	互动
亲和力	1	0.54	亲和力
优秀	1	0.54	优秀
冷静	2	1.09	冷静
创意	1	0.54	创意
剪辑	1	0.54	剪辑
年轻	1	0.54	年轻
开朗	1	0.54	开朗

同时,由于男女教师对于专业能力的追求不同,教学过程中男教师在相关方面也存在不同于女教师的专业困惑:

当问及男教师目前工作中的困扰时,提到比例较高的依次是时间、交流、幼儿、上课、学术、带班、保育,具体见表8。

表8 男教师专业成长发展特质专业能力词频百分数(%)2

单 词	计 数	加权百分比(%)	相 似 词
时间	10	12.66	时间
交流	6	7.59	交流
幼儿	6	7.59	幼儿

续 表

单 词	计 数	加权百分比(%)	相 似 词
上课	4	5.06	上课
学术	6	7.59	学术、文章、研究
带班	6	7.59	带班
保育	6	7.59	保育、照顾
方式	4	5.06	方式
认同	4	5.06	认同
配合	4	5.06	配合、相处
个别化	2	2.53	个别
家长	2	2.53	家长
方法	2	2.53	方法
保育员	2	2.53	保育员关系
印象	1	1.26	家长印象
合理	1	1.26	合理
头疼	1	1.26	头疼
主题包	1	1.26	主题包
小班	1	1.26	小班
幼儿教育	1	1.26	幼儿教育
开展	1	1.26	开展
弱势	1	1.26	弱势
性别	1	1.26	性别
想不到	1	1.26	想不到
探讨	1	1.26	探讨

续表

单　词	计　数	加权百分比(%)	相　似　词
方向	1	1.26	方向
游戏	1	1.26	游戏
环境	1	1.26	环境
琐碎	1	1.26	琐碎

可见男教师在工作中的困惑涉及方方面面，比较多被提及的主要是专业能力和专业知识上的内容，但是在谈到与同行的沟通和与家长的沟通时专业情感、专业理念和专业理想的相关困扰也略有涉及，引发了男教师的思考。2 位教师表示目前工作没有困扰。对于图 26 的高频词汇进行进一步梳理获得表 9。

图 26　男教师专业成长发展特质专业能力的词频统计 2

表 9　男教师专业成长发展特质专业能力高频词梳理

关键词	具体表述内容	补　充　说　明
时间	抽出更多时间去提升…… 没有特别多时间和我交流…… 上班时间从早上 8 点到下午…… 探讨上课时间不够…… 资深老师忙碌照顾家庭，没有加班时间留下来探讨…… 承担很多其他工作，时间不够…… 很琐碎日常工作，没有完整时间…… 条线工作繁多,合理分配时间精力……	人数/总人数：10/30 情绪表达： 负面：无奈 正面：期待 以成熟期、新手期教师为主

续 表

关键词	具体表述内容	补 充 说 明
带班	带班的细节 带班的各类问题 保育中需要搭班、阿姨协助 环境、主题墙、个别化、游戏弱势	人数/总人数：7/30 情绪表达： 负面：琐碎、头疼、无奈、不清楚 新手期教师
交流	跟老教师交流机会少 和女教师交流起来方向不一样 期待交流学术 想和资深教师和师父沟通	人数/总人数：5/30 情绪表达： 中立 正面：期待 成熟期、新手期教师
幼儿、上课	上课把孩子心收回来 上课方面，集体教学活动怎么修改 上课带给幼儿 上课怎么回应	人数/总人数：3/30 情绪表达： 正面：期待 中立：困惑 新手期教师
介意、意见	家长比较介意男老师 家长幼儿教育不重视 男性数量少，和女老师意见不同	人数/总人数：5/30 情绪表达： 中立：期待 发展期教师
学术、科研、研究	非科班，科研薄弱 期待学术交流 写文章弱势	人数/总人数：4/30 情绪表达： 中立：期待 成熟期教师

当还原高频词到具体访谈记录,对具体内容进行重新梳理和汇总,所得关键词即目前男教师困扰的主要内容:时间不够、带班问题、交流沟通问题、幼儿集体教学问题、家长与同行的意见不同、学术科研能力薄弱。

　　其中,我们发现不同年龄段的男教师都表示时间不够,指向内容包括工作量和时间不匹配、上班时间长、自我提升的时间不够,主要困扰成熟期、新手期教师,男教师虽然表现出对现状的无奈,但是言语中期待并相信情况会有所改善。许多男教师提及时间不够,从另一个侧面恰恰反映了幼儿园男教师在工作中承担的工作量较大,这对于男教师的成长实际是有利的。另外,尽管作为主要困扰,但这对许多男教师而言何尝不是一种"甜蜜的负担"——在事业上的投入终将获得回报,这是许多人信奉的一条人生准则。

　　带班问题成为男教师团队负面情绪表达比较多的一项困扰,涉及的方面集中在生活保育、常规带班细节、各类活动的环境创设,是新手期教师普遍的困扰,他们认为事情比较琐碎,表现出头疼、无奈的负面情绪。其实,对新教师而言,无论男女,带班都是在新手期较为棘手、亟须解决的一个困难。但在一日活动的集体教学活动环节中,男教师同样有困扰,但表现出比较积极的情感态度。呈现出这样两种截然不同的结果是和目前学前教育中的评价手段有关:集体教学活动仍然是展示或评价的主体。而这样的评价方式,使得男教师们以集体教学活动的质量高低作为衡量自己专业发展的重要手段,从而忽视了更为基础的日常带班。另外,日常带班比起集体教学活动要求教师在细节方面关注得更多,落到访谈具体结果呈现上,体现为"琐碎"二字,可能是普遍具备男性特质的幼儿园男教师较为困扰的焦点。

　　② 钻研力:从男教师的成长感悟中可以发现,很多男教师都有遇到某个教学问题或发现某个感兴趣的领域,便会投入其中进行钻研,直至发现它的一般规律或获得一定的解决效果。由于男教师更追求自身价值与独特性发展,同时也更容易受周围人的关注与期待,因此一旦发现了专业能力的提升方向,男教师在钻研深度、持久力上都有很好的表现。当然这一点也离不开男教师对于专业理想追求的动力。同时,从男教师的心路历程中可以发现:

男教师之间更容易就某一个共同目标形成研究型的小团队,团队参与又进一步提升了钻研力量,因此男教师在专业能力的发展上表现出钻研能力强的特点。

在访谈法中,我们也发现男教师所处环境(如所在教研组、搭班教师等)对其钻研力有直接影响。

被访谈的男教师一半来自已经有20人左右的男教师团体的幼儿园,一半来自男教师不足5人的普通幼儿园。当面对带班、上课、交流、建议意见方面困扰时,2位教师表现出没有考虑过如何解决,2位教师选择自我消化慢慢来,2位教师选择自我反思,偶尔和其他男教师聊聊,其余男教师都选择和搭班、师父、班组内资深教师讨论交流,更有行动力地主动求助他人。

表10 男教师专业成长发展特质研究访谈对象教龄及搭班教师情况

处理行为	教师人数	本人教龄	搭班教师教龄
没有考虑过	2	9年教研组长	5年
		8年教研组长	3年
自我消化	2	5年普通教师	5年
		6年普通教师	5年
自我反思、偶尔和男教师聊聊	2	5年普通教师	2年
		4年普通教师	4年
和搭班、资深教师、班组内讨论	14	4年普通教师	23年
		2年普通教师	5年
		3年普通教师	5年
		1年普通教师	8年
		2年普通教师	7年
		4年普通教师	10年

续 表

处 理 行 为	教师人数	本 人 教 龄	搭班教师教龄
和搭班、资深教师、班组内讨论	14	2年普通教师	12年
		2年普通教师	17年
		2年普通教师	9年
		2年普通教师	7年
		7年教研组长	6年
		5年普通教师	14年
		5年普通教师	8年
		4年普通教师	7年

通过进一步信息罗列(见表10),我们发现选择和搭班、资深教师、组内讨论的男教师的搭班教师往往教龄都长于该教师,而当搭班教师的教龄小于自己或者教研组组长就是自己时,男教师则会选择自我消化或同性之间简单交流。但因数据样本数量关系,这两者之间的相关性有没有统计学上的意义,还有待进一步研究。

(3) 专业情感

这部分在男教师们的文本资料中提取的关键词为"渴望与动力""自我怀疑""榜样力量",分析如下:

① 渴望与动力:在30篇男教师的"心路历程"中,有超半数的案例都写到了自己在择校择业中是出于对幼儿教育事业的喜爱,并在从事这一行业的过程中表达出对获得职业认同的强烈渴望;30篇成长故事中,有15篇标题中出现"梦"字,超半数谈到了追逐幼教梦想的愿望,文章中反映出男教师内心对取得职业成功,成就自身幼教事业的渴望。同时,男教师的专业发展情感动力可以从很多地方得到激发,一位良师益友、一次失败的经历、一个孩子

的表情、一句家长的反馈都可能成为男教师树立目标、建立自信、勇往直前的动力。在他们追求专业理想的过程中,些许的鼓励都会增加他们在工作环境中的安全感,从而提升他们的专业归属感,也使得他们渴望提升的动力增强。

从表11中,我们发现男教师对于展示的平台和机会渴求又珍惜。首先,他们普遍认为这是提升自己专业领域成长的重要方式和有效手段。发展期的男教师正逐步明确自己的职业规划,对于展示的平台有更高的期待,例如区级层面、市级层面。而幼儿科学教育领域是目前男教师专业发展认可度最高的领域,并在该领域中不断追求更高的专业能力。其次,男教师也提出了与资深教师、专家面对面、个别交流探讨学习的意义和价值,认为这是针对性最强的自我提升方式。

表11 男教师专业成长发展特质专业情感词频百分数(%)

单 词	计 数	加权百分比(%)	相 似 词
培训	21	20.00	培训
团队	9	8.57	团队、男教师团队
展示	9	8.57	展示、上课
平台	9	8.57	平台、出去、外面、市级
领域	7	6.67	领域
科学	5	4.76	科学
探讨	5	4.76	探讨、交流
专家	5	4.76	专家、个别、咨询
兴趣	4	3.80	兴趣
园内	3	2.86	园内
理念	3	2.86	理念先进
针对性	3	2.86	针对性、个别
优秀	2	1.90	优秀
研究	2	1.90	研究

续 表

单 词	计 数	加权百分比(%)	相 似 词
集体	2	1.90	集体
管理	2	1.90	管理、运用
锻炼	2	1.90	锻炼、运用
公开	2	1.90	公开
同伴	2	1.90	同伴
宽松	2	1.90	宽松
广泛	2	1.90	广泛
开拓	2	1.90	开拓
戏剧	2	1.90	戏剧

同时,绝大部分的男教师对目前所在园所给予自己的专业支持较为满意,这对于促进每个男教师个体的专业动力无疑具有积极效果。

当被问及"你认为你还希望学校给予你哪方面支持"时,有4名教师肯定表示"已经足够多""很满意""维持现状就好""感觉没什么"。对于其他教师的访谈内容做了梳理,具体如图27所示。

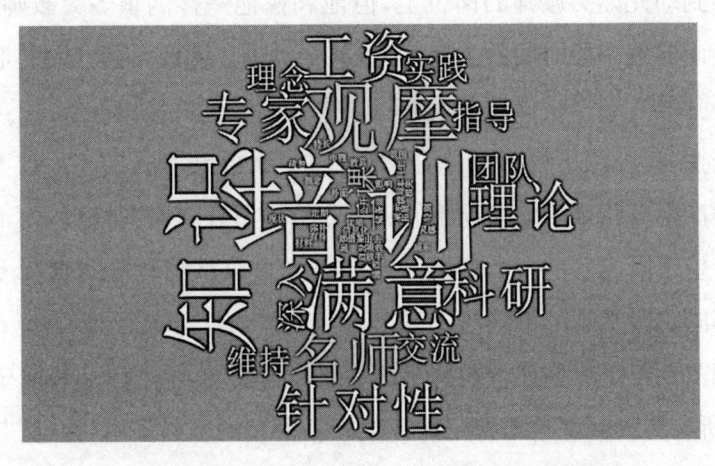

图 27 男教师专业成长发展特质专业情感的词频统计 1

不难发现，男教师大多数对于目前的专业发展表示满意，特别是有一定规模男教师数量的幼儿园。首先，在期望给予的支持中，"培训""外出观摩""理论知识""科研""实践""理念"被提及，其中"培训"成为男教师最为认可的专业成长手段和方式。这里的培训指向各个学科领域的专业知识和专业能力的培养，包括语言、戏剧、信息技术、科研、音乐等。可见男教师发展的诉求不是千篇一律的，既有着眼于专业能力、专业知识，也涉及教育理念，且随着教龄的成长呈现纵向深入领域发展趋势。其次，对于工资的提升需求虽然影响男教师的职业热情，但并不影响他们的专业理想和专业情感。可能在于工资的提升并不显现，或在追求教育梦想的过程中，他们也能意识到物质并不会实质性地改变什么。最后，男教师更渴求针对性强的专业指导和帮助，无论在哪个领域都希望得到深入、连续的实践理论指导。这进一步体现了他们追求专业提升的强烈渴望。

② 自我怀疑：与职业渴望和发展动力产生强烈反差的，是男教师在职业发展中普遍存在的自我怀疑。在 30 篇"心路历程"案例中，有近 18 篇文章写到不同时期、不同境遇下男教师对职业胜任力产生的怀疑，小到怀疑自己是否胜任某项任务，大到怀疑自己是否入错行，更有因为自我怀疑而选择离开这个职业试图另谋发展的情况。虽然在经历了一番尝试后，最终这位老师还是选择回到幼儿园男教师的岗位上，但他和像他一样的很多男教师，都因为自我怀疑而导致一段时间的发展停滞，甚至倒退。因此，男教师的"职业玻璃心"要如何保护，同样是男教师发展特质中需要我们关注的问题。

根据撰写"心路历程"的不同男教师的实际情况，我们认为，在不同时期的男教师产生自我怀疑的情况不同：部分阶段不存在自我怀疑，而部分阶段可能会产生不同内容的自我怀疑。这一点也可以从男教师对自我专业的期许值在不同阶段呈现的不同状况看出。

当问及 5 年以后你是否还从事现在的工作以及你对自己的期望是什么的时候，所有男教师都给出肯定的答案。新手期的教师多用"肯定""一定"等字眼表明对于男教师这个职业的热爱已经表现出对于未来发展的期待，而发展期教师、成熟期教师多用"应该""也许""我认为"等比较中立的词来回答问题①。

如图 28 所示：绝大部分新手期、发展期教师提出自己在专业知识上的职业期待，其中对于上课（集体教学）活动，都表现出了非常强烈的职业追求。新手期教师还更多地表示"自己喜欢孩子""职业带来的快乐""感到幸福""做一行爱一行""喜欢和孩子玩耍""不希望改变"，表现出更高的职业热情，专业知识和能力的追求上只涉及集体教学活动（上课）。而发展期、成熟期教师对于未来的职业规划有了越来越明确的目标，追求各个领域专长（如信息化方面或其他本不擅长或熟悉的学科领域）、脱离一线、转岗行政管理、承担条线任务等。

图 28　男教师专业成长发展特质专业情感的词频统计 2

我们可以发现：新手期教师职业热情最高，职业期望围绕专业和幼儿；成熟期教师职业理想务实坚定，职业规划明晰。当然，相对应的自我怀疑的内容自然也会不同。这也因此凸显了男教师在专业发展过程中不同于女教师的重要部分。

③ 榜样力量：男教师专业情感中不可忽视榜样的力量。在案例中，可以

---

① 对于这一部分的反思，我们认为由于访谈的参与者及访谈者自身都来自一线，彼此之间的社交关系或多或少有所交集，出于对自己的一种保护意识，其结果可能存疑。

频繁地看到男教师因为某一位前辈的示范、带领,因为某一个组织、团队的关心和帮助而坚定了自己的信心、明确了自己的方向、提升了自己的能力。可以说,榜样、组织的存在对男教师的发展非常重要,抱团工作给男教师带来了归属感和温暖,也减轻了个人发展中的压力,同时,男教师也非常需要前辈中的杰出人物作为内心的支持,给予其前进的动力。

榜样对许多男教师而言,相当于他们职业的终极追求。而当榜样出现在他们面前时,他们往往将其视之为其未来奋斗的方向。榜样给予了他们安全感,也给了他们进一步奋斗的十足动力。我们在之前的论述中,数次提到"职业安全感",这种非专业的措辞实则指向"专业情感",即"专业归属感"及"抗专业倦怠",但并不完全重叠匹配。这对男教师的专业发展来说很重要,一旦缺失职业安全感,则很可能会发生离职、流失的情况。

我们也发现,当男教师的榜样经常在身边时,给予男教师的正向效果是最明显的。反之则不然。因此保障男教师的专业发展,树立榜样可能是一个具有"技巧性"的行为。

在访谈中我们还发现,男教师团队的这个概念被7位教师提到,他们均来自有10人以上男教师数量的公办幼儿园;2人提及教师团队的帮助,他们来自5人左右男教师规模的公办、民办幼儿园。

提到男教师团队的7人中,1到3年的教师表现出对团队的强烈依赖和高度认可,具体表述如下:"在这个团队中我们有更多获得提升的机会""只要你有什么问题……男老师团队尽努力来帮你""所有男老师团队都会这样""男老师团队一起研课,一起拍视频,可以从里面学到很多别的男老师的知识……""……这个男教师团队蛮好的……各方面经常在一起……""宽松氛围……"①。

对于团队的渴望与认可不仅反映了男教师们对于环境支持的需求,同时

---

① 就目前的研究而言,由于样本覆盖并不全面,我们并不能确定究竟是"团队"给予男教师的正向影响更大,还是"团队氛围"对于他们的促进作用更大,有待进一步研究。

也印证了榜样力量对于男教师的促进作用——团队中总会存在一个相对发展较好的"榜样"。

(4) 专业理想

这部分在男教师们的文本资料中提取的关键词为"个性化""性别成就",分析如下:

① 个性化:在男教师的成长故事和"心路历程"中,可以读到许多关于自身职业规划的思考,而其中表现出的个性化发展特质尤其突出。很多男教师都会关注自己专业上的独特性发展、期望自己形成独当一面的能力,他们往往不会笼统地说期望自己成为一名好老师,而更喜欢在表述中增加具体的内涵,比如,形成较强的科研能力,发挥自己的教学优势,等等;即使没有这些专业术语,他们也会用"好哥哥""好叔叔""好兄弟"等词语(这些词语通常是用来形容师幼关系的)来表明自己的专业理想不仅是成为一名好老师。

② 性别成就:什么是性别成就?我们所说的性别成就是指相同性别的一类人所达到的成就。追求性别成就的特质在男教师群体中表现尤为突出,这从他们撰写的文章中就能感受到。很多男教师在表述自己的专业理想时,会上升到希望为男教师的发展做出自己的贡献,希望形成男教师独特的教学风格,希望挖掘男教师的教学优势,等等,将自己的理想上升到某一群体(性别)的理想,这在男教师的表述中常见。究其原因,可能是因为男教师群体的人数少、发展起步晚、发展空间大、研究空白相对较多。同时,我们也发现了一个有趣的现象:虽然很多男教师在专业理想上追求性别成就,但他们依然呼吁在专业发展上男女教师不应区别对待。这种现象可能是由于他们认为,对于教育的追求应是忽略性别差异的,但在个体专业发展过程中,又总觉得应当凸显男性特质。

(5) 专业理念

本阶段研究中涉及的"专业理念"相关的研究不多,且相关研究结果未体现出男性特质。结合上一阶段"幼儿园男女教师专业成长特质的比较研究",也未发现其与女教师的显著性差异。

故我们可以认为,在专业成长特质中的专业理念上,幼儿园男女教师基本相同。

(6) 阶段梳理

综上所述,男教师在发展上确实呈现出一定的殊异表现:他们对于自身的发展有着更高的期望和需求,相较于女教师,男教师在处于相对不利的成长环境中时(幼儿园工作环境、制度管理不利于男教师成长),其期望与现实之间的落差带来的影响会更明显,更容易出现失落或动摇的消极反应;对男教师的成长环境而言,有组织或团队让他们"抱团成长"能有效地缓解男教师的成长压力,激发他们的成长动力,更有效地解决实际问题和困惑;就目前整个男教师群体普遍处于职业生涯前中期而言,榜样的引领和示范起到了很重要的作用,为男教师的发展点亮前路;就专业发展而言,男教师更愿意寻求突破和创新,追求个性化发展,但也存在擅长的领域倾向和标签化现象——这一点比起女教师而言更为突出。

幼儿园男教师确实是一个较为特殊的群体。但我们理解的这份"特殊"与以往媒体报道或项目课题呈现出的特殊略有不同。比起女教师而言,他们有时候充满着更强烈的专业提升动力,但有时候也会显得非常"脆弱";他们往往在某些领域或教学的某些方面显得更适合教学本身及儿童发展规律,但在其他领域或教学的其他方面又显示出明显的短板或弱势;他们为数不多不容易形成群聚效应,却在有条件"抱团"的环境中呈现出更好的发展态势……通过研究,我们发现了这样一个"小众群体"的优势与劣势同样突出而明显。大部分男教师如同温室中的花朵,美丽而脆弱,需要充足的耐心和足够的悉心,才能收获绚烂的成果;只有极少部分坚韧而突出的花朵,在缺乏关注和呵护的情况下也能茁壮成长。以下节选部分摘自具有代表性的不同男教师的"心路历程",以感性文字的呈现进一步弥补之前理性研究中所不足的部分。

……尽管由于根深蒂固的世俗观念,男性在幼师队伍中的生存和发展面临更多的挑战，但是我坚信，男教师选择幼教事业绝不仅是为了弥补女性教师性别的不足，而是一种开创性的工作，所以我坚持"用心对待幼教事业"的信念，用自己的专业素养与工作热情投身其中，并期盼着和更多的男教师们撑起幼教天地中属于我们的"半边天"，给孩子们带来更多的快乐！

——一名教龄13年的男教师、男园长

在带班两三年以后，我逐渐获得了同事与家长的认可，能够独立地带班。与此同时还能完成一些幼儿园给予我的额外任务。但偶尔在夜深人静时，我也渐渐对于男教师的"特殊"的定位有了一些迷茫：我觉得现在的自己和女老师并没有什么不同。

……

但是，男教师的确可以不同！

这个不同并不是工作内容不一样。而是利用我们男生的特点，我们在某些事情上可以做得更轻松、更好、更自然。就像每个家庭都有爸爸妈妈，许多日常工作都是父母分工完成，大家各有擅长。并不是只能妈妈烧饭、爸爸换灯泡，而是根据大家更适合做什么来分工而已。而在一个家庭里，不可能存在两个妈妈！只有父母同在，才会给予孩子们一个健全的人格。

想通了这一点，我心中一下子豁然开朗了起来。只要将身上属于男人的优势更好地发挥出来，就是我们自己的风格！

——一名教龄7年的男教师

刚开始有人问我怎么想到要做幼儿园老师的时候，我总是一脸尴尬，不知从何说起。而如今的我总会侃侃而谈，当把幼儿园中发生的事和我自己的想法告诉别人的时候，我发现我是真的喜欢在幼儿园里无拘无束当一名孩子王。我享受在幼儿园里追逐梦想的时刻，而梦的开始源自当年填报的大学志愿，让我与幼儿园结下了缘分。

……

……但是随着日趋激烈的竞争，幼儿园的日常工作也越来越繁忙，我已渐渐感觉不到当初那种对男老师特别的优待，有的时候，我们更是被拿来与女老师做比较。在许多细节方面，我们男老师是很难做到女老师的那种细心和仔细的，很多时候我们被赋予的期望好像是男老师和女老师相加的特质都要存在，这至少对我来说有些过于困难和复杂，让我感觉有些难以承受。当然现在给我们男老师提供的机会仍然很多，我至今仍然有许多公开展示的机会，当然我也努力一一把握住，只是越来越多不属于男老师工作范畴的事务也被加到我们的头上，有的时候感觉有些喘不过气，许多时候，都给人一种失意的感觉，不再像以前那种春风得意，那种前路一片光明的感觉。这也给了我更多的思考，而不是一味地憧憬。我一度因为这样的想法陷入了迷茫和困境之中，抬不起头。

……就好像生活一样，想要收获就必须努力，想要走出一条非凡的道路，就必须经历无数平凡的道路，才能历练自己，成就他日的非凡！

——一名教龄4年的男教师

男人从事幼儿教育，绝不仅是为了弥补女性教师性别的不足，而是一种开创性工作。用作为赢得地位，男教师的未来值得期待！的确，相对于女教师，男教师在科技、运动、理性思维等方面具有优势，他们往往有敢于冒险、思维活跃、知识面广等粗犷豪迈的一面，这正好与女教师的温柔细腻相互补充，对于儿童的健康成长有着重要的促进作用。

——一名教龄14年的男教师

五年来，工资的变化实在是让我吐槽不能，我已经快被上涨的物价和通货膨胀抛在身后五个身位了。所以，如果说有什么和我初入职的时候所期待的不同，那也无非就是工资了，然而这个也不是人力因素能控制的……

——一名教龄5年的男教师

不过，因为幼儿园里普遍女老师较多，几个男老师就跟"熊猫"一样，享受着国宝级的待遇，大家也都非常支持我们的一些想法，鼓励我们走出属于我们男老师自己的教学之路。而我从刚工作就想着怎么把男性的那种坚毅、勇敢的精神传递给幼儿,让幼儿能够保持男儿血性。工作了一段时间,尝试了一些方法以后,还是取得了一定的效果。当我看到班中胆小的男孩有进步时,我的成就感油然而生。

——一名教龄 7 年的男教师

虽然性别给我们工作的开展造成了一定的挑战,但在另一方面,我深刻地体会到幼儿园男教师在开拓孩子们知识面这方面是有优势的。因为男教师通常对体育、科技、游戏等有着浓厚的兴趣,对于新事物的好奇心也比幼儿园女教师强一点,我们会把这样一种特质带到日常带班中,这样就会潜移默化地开阔幼儿的眼界,丰富幼儿的知识。这一点我在自身工作中感触尤深,在每一次开展探索型主题活动时,我都能够敏锐地发现幼儿的兴趣点,并且很了解他们继续下去会遇到的困难以及所需要的帮助与引导,于是我就可以很好地为幼儿提供支撑,引导幼儿进行思考,拓展他们的知识面,发散他们的思维,在合适的时机把知识整合延伸带给他们。

——一名教龄 11 年的男教师

如果想认真从事这一行业的,从幼儿园男老师未来发展路线来看可以分成两个方向:一个是管理路线(教研组长、校园中层干部、园长、市区两级教育部门等),一个是专业路线(明星教师、区内名师、特级教师等)。我认为前者比较考验一个人的综合能力,需要优秀的管理、驭人能力以及出众的人际交往能力等。后者比较考验教师对于学前教育的专业理解、对学前教育的热爱与兴趣。因为几十年如一日地从事这个乐趣与压力共存的行业,是很不容易的,必须能调解自己的职业倦怠感。认清自己,寻找合适的发展方向,设立目标,并为之努力,是很重要的。

——一名教龄 4 年的男教师

不断增多和日益繁杂的工作内容也的确让我充满了压力,而化解这些压力的最大动力是同事之间的联系。从进入东方幼儿园的第一年开始,每一届的班组都相当的和谐,有属于年轻人的快乐,也有老教师的指点,给我印象最深的是去年班组,大家都是年轻人,每天都能聊得开,这样的氛围化解了我生活上的许多压力,解决了更多工作上的困难。这是一种轻松、友爱、团结的环境。但我知道这来之不易,因为我了解到有些幼儿园,同事之间的关系往往不是那么融洽,大家仅仅是工作上的关系,难以交到真心朋友,也没有要成为朋友的想法,而在这里大家可以自然而然地成为朋友。我有许多的同学,他们常常焦虑或者感到"孤单",因为在幼儿园中没有可以倾心交流的朋友,下了班之后发现还是只有以前的朋友圈和联系越来越少的老同学,社会圈子越来越窄,但在这里我没有这样的感觉,反而觉得每一次换班组,和不同的人接触更加愉快,有机会结交更多的朋友,这点我是"身在福中也知福"的。

当然不是所有的压力都可以得到完美的解决,还是有一些压力压在我身上。比如,以往我不会在意每个月发了多少工资,够用就行,现在也会和同事们聊聊工资多了还是少了,因为工资可能变化不大,但我肩上的压力有了很大的变化。另外,我还有许多想要实现的研究想法因为工作时间、性格原因没有开展下去,这些都是未来的目标,也是我内心的一部分压力来源。

——一名教龄4年的男教师

但是第四年在工作的同时,我也遭受了一些生活上的冲击。生活上来自各方面的压力让我感到稍许有些窒息,这个职业在我们的印象里是重要的,必不可少的,但是外人不理解,这个工作听起来没有那么光鲜亮丽,工资收入也近乎是月光族,大部分时间也都献给了工作。一段时间我的情绪有些低落,我觉得委屈,无人知晓我们的辛苦,我们的付出,我们的努力,我很迷茫。这时候学校里的男老师团队给我很大的帮助,他们鼓励我,帮助我,同时家人和朋友也很支持我,我想到了自己所坚持的信念,选择是我们自己所做的,既然做出了这个选择,就要为这个选择负责。只要坚持用心,就能够证明自己一路走来坚守的价值。

——一名教龄4年的男教师

……最近还有一点深切的感受就是工作时间变长了。刚入职的那会儿也会有加班的情况,但频率还是蛮低的。而最近的这几个学期,特别是在疫情之后,我们的工作时间开始变长,因为我们开展的活动更加丰富了。不过男教师团队的氛围真的很神奇,这一点从职初到现在从未改变过。有的时候即使不用加班,我仍然会在男教师办公室留一会儿,真的感觉很轻松,像在玩一样。所以就算现在加班时间变多了,但我仍然乐在其中,我想不在我们团队里的人肯定是很难理解的。

——一名教龄6年的男教师

第五年考核在我的成长历程中还是特别有纪念价值的,虽然我最终只获得了一个三等奖,但是,真正让我感动的,是我们团队的力量。为了我一个人的考核,男老师们自发地帮助我,针对参赛要求,与我一起商讨、帮助我实现我的想法,设计了一个活动。在整个过程中,我看到了东方老师的无私和大度,发现了他们的才华,看到了每个人身上的闪光点。现在回想起来,还是很感动!

——一名教龄5年的男教师

……这一事件的完美解决,是建立在我们男教师团队的团结协作基础上,在场的每位男老师为此做出了辛勤的付出,没有一个人有抱怨。我很难想象,在其他缺乏男老师的幼儿园,遇到这种紧急事件会发生怎样的情况。

这种团结协作的精神同样体现在教育、教学上。我们男老师团队,经常共同交流教学经验,共同提高教学水平,平时大家更是会从不同的校区相聚到总园,互相学习进行教研活动,共同探讨教学方式方法。有时个别老师要参加比赛或评比的时候,其他男老师都在课程组长刘老师的带领下,不遗余力地帮助他,一起出主意,一起探讨课程改进的方法。这样的协作意识,让我们男老师摆脱了"单兵作战"的现象,树立以男教师团队荣辱与共的观念，使得大家在这个集体中共同成长。

也许正是这种取长补短、各取优势、团队的协作精神，发挥出了我们每个男老师的特点，体现了男老师在学前教育这块阵地的重要性。这种男老师间的互相学习、相互协作，也让我感觉越来越离不开这个队伍了。

——一名教龄24年的男教师

2. 幼儿园男教师专业成长阶段与路径

结合前述所有研究，我们基本归纳出了男教师的专业成长特质。以下将根据前期研究结果，对幼儿园男教师专业成长阶段与路径进行说明。

(1) 专业成长阶段

与女教师相比，男教师也是"教师"身份，且遵循教育理论和一般性规律，故男女教师专业成长阶段的划分并无明显差异。根据休伯曼"生命周期阶段"，结合本园实际情况已进行划分①。

但在不同阶段，男教师的定位、侧重与女教师相比具有不同之处。详见表12：

表12　不同阶段幼儿园男教师专业成长关键词

阶　段	定　位	侧　重	具　体　内　容
新手期 （1—3年）	融入、成长	着重职业能力、职业知识，获得职业成就感	自身特质的识别、常规带班、班组工作、集体教学
发展期 （4—6年）	承担、发展	着重职业理想、职业热情、职业能力	挖掘领域、承担多种类工作，尝试影响新手男教师
成熟期 （7年及以上）	领衔、专业	着重专业理念、专业知识、专业能力	某领域的深入学习、条线工作的转换、清晰的职业规划

① 详见本书第55页，"三、研究结果""（二）幼儿园男女教师专业化发展的比较研究"开篇文字的结尾。

(2) 专业成长路径

结合前述所有相关男教师专业成长特质的研究,也为了更清晰地审视幼儿园男教师的专业成长特质,我们绘制了示意图。图 29 基本反映了幼儿园男教师专业成长各方面所呈现出的大体特质。

幼儿园男教师专业发展特质示意图的解读如下:

纵坐标为"专业知识、专业能力""专业归属""专业理念""专业理想""专业倦怠"。

其中,由于专业知识和能力情况较为相似,因此将之合并,此项指标也是最能反映幼儿园教师专业发展水平的关键指标。

原先定义中,"专业情感"分为"专业归属"与"抗专业倦怠",此处仍将两者分开,考虑到更为直观的图片效果,将"抗专业倦怠"改为"专业倦怠",此处含义为消极性的专业特质。

横坐标为从教年数。考虑到研究样本的教龄大部分集中于 1—7 年,我们认为对于幼儿园男教师专业成长路径的界定适合定位在这个年龄阶段内。横坐标中 7 年后的线条走向参考少部分从教超过 7 年的男教师发展走向及特质。

图中呈现线条上的蓝点为一些特殊节点。比较关键的节点分别定位在 1 年、3 年与 5 年。

幼儿园男教师的第一年往往成了是否继续幼教之路的关键一年。我们可以从图中发现,在第一年结束的节点上,少部分男教师的专业归属与专业倦怠可能会走向极端,最终呈现的现实状况为离职。男性进入幼儿园的第一年,由于实际接触的工作环境会和原本的认知形成一定的冲突,故很容易产生别的想法。这一点也和实际情况相吻合。

幼儿园男教师的第三年也是一个关键节点。度过了前三年的教育生活后,教师对于自己处于什么水平、是否胜任这份工作,以及未来的发展方向有了一个初步的认识,特别是在专业理想方面会有一定的改变。大部分男教师会寻找到适合自己的长远的发展目标,而小部分男教师可能会出于各种原因

"幼"有何"男"——基于幼儿园男教师专业特质的梯队进阶式发展研究

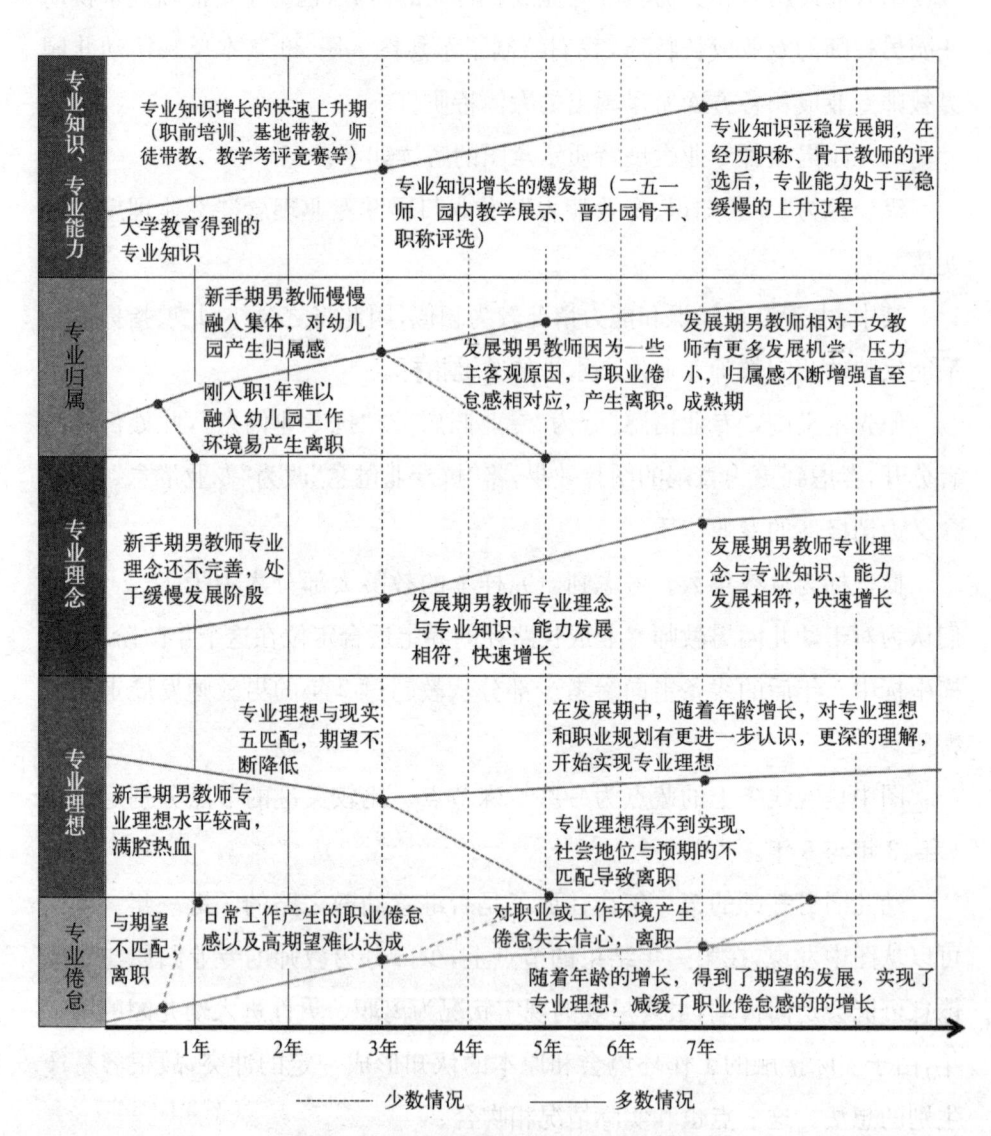

专业知识、专业能力	专业知识增长的快速上升期（职前培训、基地带教、师徒带教、教学考评竞赛等）		专业知识增长的爆发期（二五一师、园内教学展示、晋升园骨干、职称评选）		专业知识平稳发展朗，在经历职称、骨干教师的评选后，专业能力处于平稳缓慢的上升过程
	大学教育得到的专业知识				
专业归属	新手期男教师慢慢融入集体，对幼儿园产生归属感		发展期男教师因为一些主客观原因，与职业倦怠感相对应，产生离职		发展期男教师相对于女教师有更多发展机会、压力小，归属感不断增强直至成熟期
	刚入职1年难以融入幼儿园工作环境易产生离职				
专业理念	新手期男教师专业理念还不完善，处于缓慢发展阶段		发展期男教师专业理念与专业知识、能力发展相符，快速增长		发展期男教师专业理念与专业知识、能力发展相符，快速增长
专业理想		专业理想与现实五匹配，期望不断降低		在发展期中，随着年龄增长，对专业理想和职业规划有更进一步认识，更深的理解，开始实现专业理想	
	新手期男教师专业理想水平较高，满腔热血		专业理想得不到实现、社会地位与预期的不匹配导致离职		
专业倦怠	与期望不匹配离职	日常工作产生的职业倦怠感以及高期望难以达成		对职业或工作环境产生倦怠失去信心，离职	
				随着年龄的增长，得到了期望的发展，实现了专业理想，减缓了职业倦怠感的增长	

1年　2年　3年　4年　5年　6年　7年

------ 少数情况　　—— 多数情况

图29　幼儿园男教师专业发展特质示意图

(依然难以适应幼儿园环境、工作/发展方向与自己的预期不符、来自家庭或社会的薪酬压力等)反而难以树立自己的发展目标,对于专业理想的追求会渐渐呈下降趋势。

而到了幼儿园男教师专业发展的第五年,则又来到了一个关键节点。随着第三年对于专业理想追求的改变,小部分男教师可能会在第五年迎来专业归属感及抗专业倦怠曲线的极限,最终导致离职。但大部分男教师经历了五年专业发展后,往往会对自己所从事的职业及专业发展道路形成更深刻的认识,并在专业能力上得到新的升华或爆发。

这三个关键时间节点对幼儿园男教师长远的发展来说具有特殊的意义,因此在发展和管理的过程中,须重点关注。

尽管我们对幼儿园男教师的专业路径进行了根据特点的绘制和锚定,但仍然需要关注到之前研究所提及的,男教师往往显得"强大"而又"脆弱"——他们往往会更容易受到一些教育环境或工作过程中甚至来自职业、专业之外的关键事件影响,从而对他们的专业发展产生较大的影响。

(四) 基于幼儿园男教师发展特质的梯队进阶式发展的行动研究

在对幼儿园男教师专业成长特质进行了充分研究后,我们认为,我们已经奠定了足够的基础来继续开展梯队进阶式发展的行动研究了。

但是,即使研究进展到了这一步,之后的研究对于我们的挑战仍然是较大的。

经历了近30年的发展,上海从没有一名在一线工作的男教师,到如今较为普遍存在于幼儿园中的男教师们,数量上的增长无疑是非常明显的。但对我们的研究来说,同时存在3名以上男教师(才能称之为团队)的幼儿园仍然不多,可供研究或参考的样本数量就少了。

幼儿园男教师的团队是特别的,同时也是普通的。根据前期各项研究,我们发现在幼儿园教师队伍里确实"男女有别",体现在除了"专业理念"之外其他四项不同发展特质的具体不同。面对这样的一个团队,如何管理、如何激励、如何构建个体间的关系等,来让团队保持稳定乃至获得更好的专业发展,显然是需要有一些有别于传统幼儿园教师团队发展的额外思考。而幼儿园男教师团队也是普通的,毕竟即使是男性,本质上他还是一个幼儿园教师,因此和传统的幼儿园女教师团队相比,也一定有不少重叠、可互通的经验交换。

同时,除了考虑团队发展,还需要考虑"梯队""进阶式发展"。这意味着在团队发展的过程中,团队内部各层级、各个体之间的关系、位置始终是在不断变化着的,呈现着一种动态发展的态势。而这种动态变化的规律,则应继续结合幼儿园男教师专业发展特质来发现和遵循。

1. 幼儿园男教师梯队进阶式发展的行动研究

优化幼儿园男教师梯队进阶式发展的最佳途径是为男教师的梯队建设建立一个模型。在第二阶段研究过程中,研究团队已经着手开始思考建立男教师梯队模型的可能。从本研究团队所在幼儿园的实际情况出发,结合已有对幼儿园男教师成长特质的认识,我们初步构建了"蜂巢梯队进阶发展模型"雏形。

(1) 梯队模型的概念界定

在对模型建立依据进行详细阐述前,有必要先对"蜂巢梯队进阶发展模型"各要素进行简要的概念界定。

① 蜂巢模型概念

建构互联网社交媒体策略和组成要素的模型,由以身份为核心,由状态、分享、会话、群组、声誉、关系六大要素构成。

② 男教师蜂巢梯队进阶式发展模型概念

由于男教师梯队进阶与蜂巢模型的耦合性,将模型演变,建构男教师团队的组成要素是以教龄(即不同发展阶段)为核心,以专业知识、专业能力、专业理想、专业理念、专业倦怠与专业归属为六大要素构成。须特别注明的是，专业倦怠与专业归属原先属于"专业情感"的两大内容。由于在前述对幼儿园男教师专业成长的特质研究中发现，专业情感作为一项专业成长特质，是男教师与女教师专业成长特质区别中存在较为明显差异的一项。专业情感的高低，直接影响了男性教师专业发展的稳定性，如存在幼儿园男教师容易流失的现象，其本质原因中包含专业情感的因素。因此这两点被针对性地从专业情感中拆分，成为互为正反而相对的两个要素（专业归属为正、专业倦怠为负），形成完整的六大要素。具体见图30。

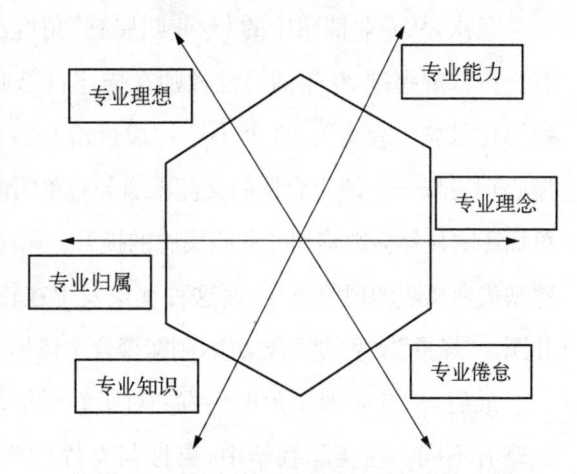

图 30　蜂巢梯队进阶模型个体六要素示例

(2) 梯队模型建立的依据

① 蜂巢①整体的架构设计来源于对男性教师专业特质的梯队进阶式发展研究

蜂巢的整体架构设计体现出我们对男教师梯队发展的期望，即"抱团发展"。从模型角度来看，由一个个的六边形个体紧密连接而形成的架构体现了这种倾向。之所以形成这样的期望，主要从以下三点出发：

首先，从专业能力、专业理想角度出发：在我们之前的研究中可以发现，男性从事这份职业时，对于自身专业能力提升的相关需求处于较高水平。这是由于男性教师普遍在职初阶段就对自己的职业生涯怀有极高的憧憬，对自身有较高的专业要求，因此在实际工作中也会尽自己所能地将教育热情付诸

---

① 李长庆.蜂巢模型：提升思想政治工作质量的路径选择[J].教育评论,2019(05)：91-95.

工作中。这种不同于女性教师的专业特质,让他们从开始就全力以赴,对形成男性特色的教学实质也有促进作用。普遍存在于男教师专业发展过程中的这一特质,使得幼儿园男教师的专业发展需求达成高度统一。因此,"抱团式"的蜂巢模型有助于理想统一的群体步调一致地前行。

其次,从专业情感中的"专业归属感"角度出发:在文本分析的过程中,曾有一位教龄超过20年的男性教师在描述自己职初生涯的心路历程中提到"要耐得住月亮的寂寞"。这个小小片段恰恰是没有男性团队的男教师职初的典型心理表现——缺乏合适的交流渠道与对象因此显得"寂寞"。而这种情感上的负面影响显然会影响到专业归属感的提升。第一年入职的男性教师因专业归属感缺失而离职的现象不少,而这种现象发生在较多仅有一名幼儿园男教师的幼儿园。"蜂巢"模型的整合架构,则能聚合个体男性教师,使专业情感得以提升。

最后,从专业理念角度出发:对于教学的看法,由于性别关系,男女的看法略有不同。在实际教学中,男性与女性的教学风格、关注点、实施形式等,也有不同的地方。而专业理念与教育行为之间的关系则是相辅相成的:专业理念引领着一切教育行为,同时教育行为产生的实践也会影响专业理念。尽管从之前的研究中,我们发现性别不同的教师在专业理念上并没有呈现出明显的不同,但在教学行为、师幼关系等具体教学细节中,还是能发现性别中的不同。随着教学年龄的增长,教学行为中的不同可能会慢慢导致专业理念产生不同,但这一点由于缺乏长程性的研究而无法轻易下定论。因此,"蜂巢"模型的整合架构有利于弥补性别差别引起的专业理念水平下降的现象,同时对于统一进而提升团队内整体专业理念水平有积极作用。

② 男教师梯队进阶的基本形态与蜂巢结构较为相似

第一,框架构造相似。蜂巢的显著构造特征是所有蜂室的垂直平面结构都呈现六边形,且居中蜂室的六条边分别与另外六个蜂室中的一条边重合,形成"1+6"的基本结构,组成一个完整的单元蜂巢,该单元蜂巢可以无限延展,从而形成更大的蜂巢。教师专业发展作为教师各项工作的生命线,与其他教师工作有较多的交集或者重合点,且教师专业发展工作是可以无限延展的。

第二，过程路径相似。"每个蜂室在蜜蜂建造的过程中，并不是单独堆建，而是成片同时进行，材料在每个蜂室之间是连续的，即边界为关联状态，边界系统是一个整体。"这既保持了每个蜂室的独立性，又能保证整个蜂巢的协调统一，实现特殊性与普遍性的辩证统一。教师专业发展作为一项教师工作核心，其本身就是一个专业知识、专业能力、专业理想、专业理念和专业情感要素相互融合的整体，各要素缺一不可。同时，各要素的功能不一，相互补充，共同促进教师专业发展，体现出特殊性、协同性。

③ 男教师梯队进阶的运行机制与蜂巢思维高度契合

一般而言，蜂巢思维具有四个明显特征，即没有强制性的中心控制、次级单位具有自治的特质、次级单位之间彼此高度连接、点对点间的影响通过网络形成非线性因果关系。这四个特征在教师专业发展中同样适用：

首先，"专业理念"的内涵非常丰富且没有具体的量化指标，本身不具备强制性，但实际是教师专业发展的根本任务和工作中心，决定着教师专业发展的发展指向。其次，教师专业发展的要求往往是宏观的，各个教师在具体落实的过程中一般会结合自己的情况开展具体的有针对性的学习，具有充分的自主权限，符合自治的特质，也吻合男教师的专业成长特质。最后，教师专业发展的对象是"人"，任何一个追求专业发展的教师都需要团队的支持、配合，才能在"专业能力和知识"上有所突破。

这就注定教师彼此之间需要保持高度连接，互通有无，共建共享。教师专业发展是一项系统工程，任何一名教师产生的变化和形成的能量并不会直接影响其他教师，但经过系统的传导、扩散后，往往会促使其他教师发生变化，也就是点对点间的影响通过网络形成了非线性因果关系。

而这样的架构所体现出的特点之所以和男教师团队内部个体之间的关系高度契合，我们将从呈现出的四个特征与男教师团队内的特质关系进行分析：

首先，"没有强制性的中心控制"。绝大部分男教师团队内部并没有一个从行政管理角度高度控制团队的个体,而担任管理岗位的男教师面对的往往是一整个园所,而不会单独面对男教师团队。因此,没有行政介入的"控制"是绝大部分男教师团队存在的特点,这一点高度契合。

其次,"次级单位具有自治的特质"。从之前的研究我们可以发现,男教师对于自己专业理想的追求是非常强烈的,对于发展自己的专业能力的需求也是非常直接且充满动力的。因此,几乎每一个男教师都具备了自治的特质,这一点也是高度契合的。

然后,"次级单位之间彼此高度连接"。在之前的访谈结果中我们可以发现,但凡工作在一个男教师团队之中的男教师都表述了男教师团队对于自己专业能力上的提升作用、对于稳定自己专业情感的积极作用以及对于实现自己的专业理想的榜样作用。可见男教师团队中个体与个体之间的关系是非常紧密的。

最后,"点对点间的影响通过网络形成非线性因果关系"。男教师团队内部个体与个体之间的关系、小群体与小群体之间的关系,彼此通过重叠的影响即"网络"形成更为复杂的彼此影响的关系是非常常见的情况。处于同一个发展阶段的个体彼此之间形成竞争关系,而处于不同发展阶段的个体之间又形成了帮助提升或模仿学习的关系,这些也都吻合了"非线性因果关系"的结果。

总之,考虑到蜂巢模型与男教师专业发展特质、男教师梯队中个体之间的关系高度匹配,因此以蜂巢模型作为男教师梯队发展模型的雏形。

(3) 梯队模型进阶的路径与形式

在上述理论及设想的支持下,我们构建了蜂巢模型的初步雏形。详见图31。

I. 以教龄为因素纵向分析

期初为新手期教师,是梯队建设的基础;随着教龄增长,中心的新手期教师变成了发展期教师,且在中心蜂巢外出现了更多的新手期教师;以成熟期教师为核心继续向外扩张,发展期和新手期教师逐步增多。

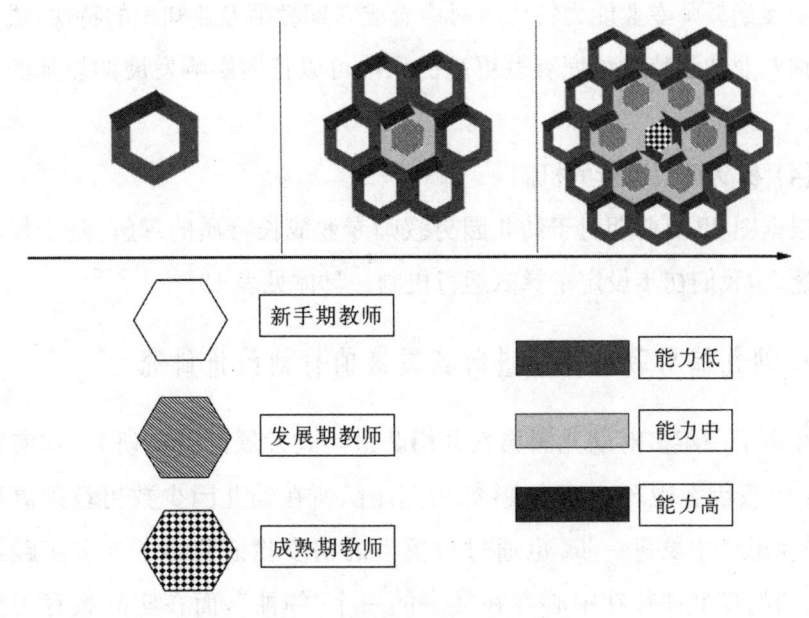

图 31　幼儿园男教师蜂巢梯队进阶关系

　　以成熟期教师为核心,分别从发展维度中的六大特质向四周辐射,带动发展期教师的成长,发展期教师以同样形式带动新手期教师成长。

　　发展并不是单向的,在成熟期教师作为核心辐射四周发展的同时,四周的教师也对中心蜂巢起到督促和监督的作用,同时稳固中心蜂巢的牢固性。

　　II. 蜂巢进阶动态变化解读

　　以新手期教师为例,在蜂巢的六大发展维度中,由于大学刚刚毕业,专业理想属于较高的水平,而其他特质属于较低水平;随着教龄的增长,发展期教师在专业理念、专业归属、专业倦怠、专业知识、专业能力方面都有所增长;在成熟期教师阶段,随着各种因素的影响,在专业理想特质上有所下降,而专业能力、专业理念、专业知识进一步提高。

　　从图 31 蜂巢图示色块上我们可以发现,发展期教师专业倦怠特质正对应着成熟期教师专业理想特质,发展期教师因各种因素的影响出现专业倦怠,从而影响不仅是其自己成为成熟期教师时的专业理想特质,也会对部分其他成熟期教师的专业理想特质产生影响。

发展期教师专业能力特质所对应着成熟期教师专业知识的特质,成熟期教师在专业知识特质维度有着更高的水平可以正向影响发展期教师的专业能力。

(4) 梯队模型运行的机制

根据图 29 及前期对于幼儿园男教师专业成长特质的理解,基于蜂巢模型的建立,我们初步设定了梯队运行机制。具体见表 13。

2. 幼儿园男教师梯队进阶式发展的行动改进研究

经历了一年多对幼儿园男教师梯队进阶式发展的行动研究,在实践中发现:不仅因客观环境的改变(如研究团队所在幼儿园少数男教师离职或转岗)在思考中更进一步,也通过对模型的初步验证获得了更多实践经验(如最初的模型往往在中心存在唯一的一个"领袖",而在实际教育工作进行的过程中,不同领域①的"领袖"可能存在好几个)。在确立蜂巢模型大方向不改变的前提下,我们对蜂巢模型进行了行动改进研究。以下将先表述改进的依据,继而从内容的改进、形式的改进、原则的补充三方面分别进行阐述。

(1) 改进的依据

① "抱团"发展的价值和"梯队进阶"的管理方式

通过前期幼儿园男教师发展特质的研究成果结合实践分析证明了蜂巢梯队模型的合理性,蜂巢模型中相关要素制定和进阶的方式实质是对于幼儿园男教师团队发展路径的思考,是整个课题的重要阶段成果。

在之后的行动研究中,我们明确了以"抱团"的方式作为发展的基础,以"梯队进阶"的管理理念给予不同教师不同方向的专业支持,鼓励并提供机会

---

① 如在专业能力、专业理想等发展特质大类中特别突出的个体,或在如专业能力下某领域特别突出的个体。

三 研究结果

表 13 蜂巢梯队模型运行的机制表

	发展阶段	专业支持	关键事件	成长特质	曲线变化[①]
专业知识 专业能力	新手期（1—3年）	1. 新教师职前培训 2. 见习教师基地培训 3. 园内师徒带教 4. "一五一师" 5. 教师系统性专题培训 6. 教师业务学习 7. 大小教研（参与） 8. 假期专题培训 教学展示周（观摩）	1. 见习教师基地考评 2. 新教师半日活动考评 3. 青年教师教学设计比赛 4. "新苗杯"青年教师评选活动 5. 半日活动综合考评	1. 对于这两方面的求知欲强烈 2. 发展期男教师在专业能力方面（课堂设计、课堂教学）与同期女教师拉开差距	专业知识、专业能力曲线整体呈不断增长上升期——增长发展期：快速上升期——增长爆发期——平稳发展期
	发展期（4—6年）	1. 教学展示周（观摩） 2. 小教研（主持） 3. 教师业务学习 4. 假期专题培训 教师系统性专题培训	1. 低结构活动展示评比 2. 教学展示周（开课）		
	成熟期（7年以上）	1. 教学展示周（展示） 2. 大小教研（主持） 3. 教师业务学习 4. 假期专题培训 教师系统性专题培训	1. 各级骨干教师评审 2. 教育教学评优		

① 注：此"曲线"指的是图29中的"幼儿园男教师专业成长路径"曲线。

续 表

	发展阶段	专业支持	关 键 事 件	成长特质	曲线变化
专业理念	新手期（1~3年）	/	新手期男教师专业理念还不完善，处于缓慢发展阶段，而饱含专业理想、专业理念与现实不符时，可能产生离职	1. 对自己专业发展的主观动力充足；2. 自我对职业的期望值高（与社会地位、收入不相匹配）	专业理念曲线不断增长；专业理想在新手期因为其在现实中难以实现而下降，甚至引发离职，但随着年龄的增长，专业理想不断修正开始发展，呈U形曲线发展
专业理念	发展期（4~6年）	/	发展期男教师专业理念与专业知识、能力发展相符，快速增长		
专业理想	成熟期（7年以上）	/	在发展期中，随着年龄增长，对专业理想和职业规划有更进一步认识，更深刻的理解，开始实现专业理想		
专业倦怠	新手期（1~3年）	/	新手期男教师慢慢入集体，对幼儿园产生归属感。然而刚入职1年难以融入幼儿园工作环境易产生职业倦怠，在日常工作中高期望达成引发职业倦怠感的增长	1. 抱团工作及发展期的压力小，能及时调整；2. 年龄增长，职业规划越清晰，归属感越强	倦怠感曲线呈不断增长上升趋势，当实现与期望差距很大时会发生离职，倦怠感在上呈不断增长上升趋势，但当环境不能融入，归属感弱（如与园所氛围不和，人际关系紧张等）时会发生离职
专业倦怠	发展期（4~6年）	/	发展期男教师相对于女教师有更多发展机会，压力小，归属感不断增强直至成熟期		
专业归属	成熟期（7年以上）	/	随着年龄的增长，实现了专业理想，得到了期望的发展，减缓了职业倦怠感的增长		

给部分能力强的男教师成为团队的核心,形成发展的梯队,允许并尊重男教师的发展速度的不均衡,充分利用梯队的形成做好分层管理和专业能力培养。

但在进一步利用合力有效率地提升男教师专业发展以及如何客观看待男教师个体在整体模型中各自起到的作用上,该模型还有不足之处。

② 专业归属和抗专业倦怠

在生成蜂巢模型雏形过程中,我们将专业情感拆分为独立的两个发展维度:专业归属和专业倦怠。因为在男女教师专业发展特质的比较研究中,我们发现男教师的专业归属明显低于女教师,薪资、社会影响、家庭支持等具体因素都会更多地影响男教师对于自我的专业归属感;而专业倦怠会直接影响男教师是否继续从事教育行业以及用什么样的工作状态从事工作,可见这两个维度对于男教师专业发展的影响力量非常大,也是在专业发展特质上与女教师区分极大的一点。因此这两点值得进一步地进行思考。

但在构筑蜂巢模型的过程中,我们也发现:以之前的定义来判断,某一个蜂窝块的六条边除了"专业倦怠"之外,其余五项皆为正向名词。故当线条变粗(即某项能力提升)后,专业倦怠的负向则难以在模型中有效呈现实践样态。因此在新的蜂巢模型中,我们将专业倦怠改为"抗专业倦怠"。见图32:

③ 从个体影响到整体统筹思考

蜂巢模型对于男教师团队的发展方式是很好的总结和梳理,它的意义在于肯定了男教师团队发展的模式以"抱团"方式能够更有效地对不同阶段男教师产生正面影响,以点对点的方式横向辐

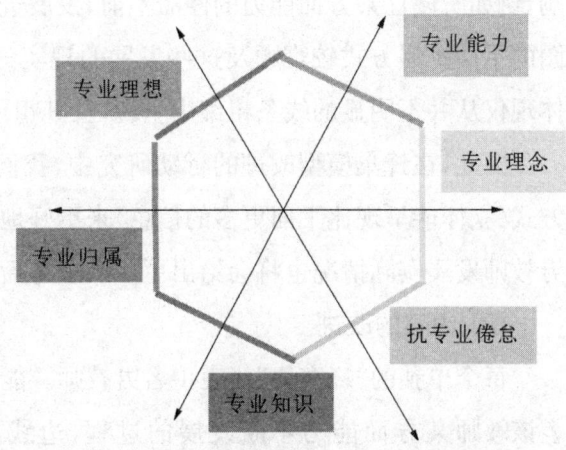

图32 蜂巢模型改进后的六大能力维度

射影响。

在后续的访谈研究中我们发现,男教师们从个人发展角度出发,对于幼儿园给予的工作环境和资源普遍认可度高,认为自我发展离不开园所给予的机会,同时肯定了"抱团"发展的管理方式有效增加了自己的专业归属感。

不难发现,无论从先前我们对于蜂巢模型的解读也好,从男教师的自我表达中也好,大家都缺乏将男教师团队作为一个整体来系统管理和发展的细致思考。在之前的研究中我们扩大的是能力更强发展更快的教师对于能力较弱发展较弱教师的影响和带教,忽略考虑男教师的突然离职、转岗等特殊情况对其他男教师的影响以及对幼儿园男教师团队稳固性的影响。基于以上,在后续的管理策略探讨中,我们除了持续关注教师之间的正面相互影响,也将更深入地研究男教师团队作为一个团体,从更宏观的角度来探讨如何系统地管理、兼顾男教师发展特质促进个性化发展以及整体提高男教师专业能力达到结构的稳固性,进一步体现对于"阶梯"发展的管理思考和策略。

④ 男教师的发展特质并非单一地不断上升的过程

前期对于男教师成长经历的文本分析研究中发现,男教师们的发展并非如进阶图中所展现的单纯一味地向周边延伸,发展的过程会受很多因素影响,例如阶段性某方面能力的停滞不前、发展进入迷茫期甚至倒退,蜂窝进阶图的平面扩展方式较难顾及这些发展的现实——单个蜂窝在模型中能力的体现仅从并不明显的线条粗细中呈现,且其粗细程度较难分辨。

因此,在蜂巢模型改进的行动研究中,我们尝试用立体的蜂巢模型呈现方式(立体能呈现比平面更多的信息)来更好地诠释男教师发展的特质,结合男教师发展实际情况也将会给出更深入思考后的管理策略。

(2) 内容的改进

每个单独的"蜂窝块"代表1名男教师。能力指向的边线变粗的过程,代表该教师某方面能力不断发展的过程,边线越粗代表能力越强,如图33所示。

图 33　专业理念不断加强的过程示意

"蜂窝块"的俯视面代表不同发展阶段的教师,包括新手期教师、发展期教师、成熟期教师;而其侧面则代表该教师已经经历或即将经历的不同阶段。具体如图 34、35:

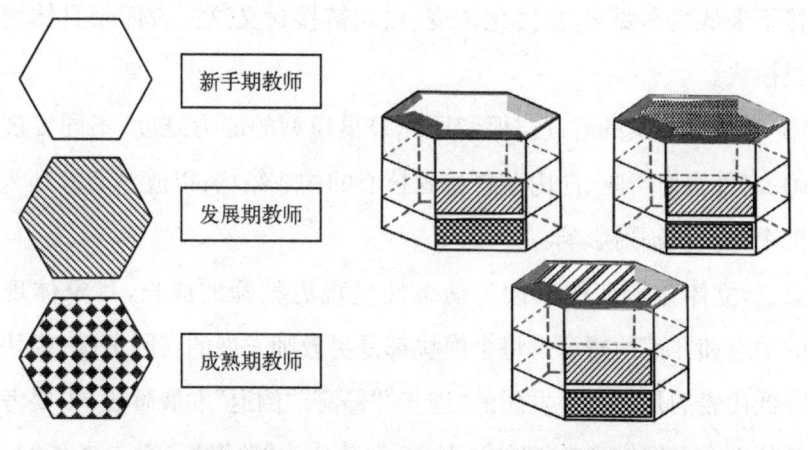

图 34　不同发展阶段图示　　图 35　代表男教师个体的"蜂窝块"

研究过程中我们发现,男教师的成长以"抱团"发展的方式更为适合。前期研究的蜂窝模型雏形已经表明以成熟期教师为核心,分别从六大专业成长特质向四周辐射,带动发展期教师成长;同理,以发展期教师为核心继续向外扩张影响新手期教师成长。发展并不是单向的,在成熟期教师作为核心辐射四周发展的同时,四周的教师也对中心蜂巢起到了督促和监督的作用,同时稳固了中心蜂巢的牢固性。也就是说,在蜂巢模型中的个体影响都是相互的,这同样和现实情况一致。

在这个基础上保留以成熟期教师为核心(并非唯一)的原则,结合幼儿园对男教师梯队作整体发展的思考,我们将平面图立体化转变,如图 36 所示,兼顾教师之间横向的能力辐射与监督作用,以整体化的管理思考助力团队发展。

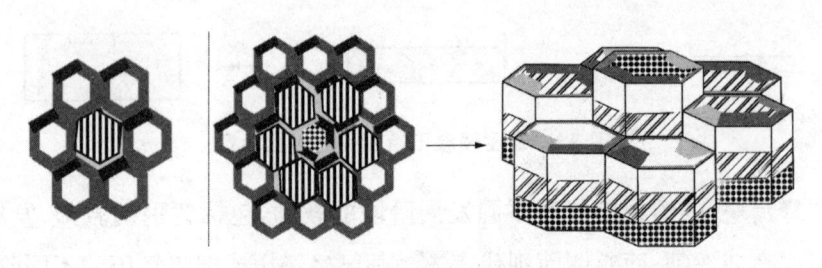

图 36　旧蜂巢模型过渡至新蜂巢模型的演变示例

接下来从基本要素、立体化转变、模块链接含义这三方面来具体解读进阶蜂巢模块。

第一,基本要素的解读。保留原先蜂巢模型的能力维度、不同发展阶段的教师、向外辐射影响、向内监督稳固核心的构成结构；以成熟期教师为核心向周围个体模块辐射影响。

第二,立体化转变的解读。动态性呈现男教师的成长,具象体现原本"进"的动态和"阶"的概念。每个模块都是男教师发展的实际情况,模块的升高和降低代表的是男教师发展的"进步""停滞""倒退"发展阶段,主要考量的是男教师六个发展维度的综合能力；而教龄作为"阶"的一个参考指标,仅为次要考量指标——这也是当前衡量教师专业发展的变化趋势。群体模块的升高和形成梯阶形式,还须取决于幼儿园管理团队对男教师队伍建设给予的向上助力,以及对男教师个性化发展的建议,最终通过管理的顶层思考,达到推动男教师团队的发展呈现整体向上的趋势,并能维系队伍结构的稳定。

第三,模块的链接解读。强调教师某方面能力水平高、发展快对于其他教师该方面能力的正面影响,同时也注重团队整体综合能力提升对于新入职男教师的影响。在制作模型时,我们也考虑过想将这一点呈现在模型图形中,如某些个体在某些方面随着时间发展能力水平逐渐变高,但由于在刚开始时,其未来强势的一面或许只是对着某一个个体,而不是在未来这一面将综合影响到其他个体；但限于静态的文字图像表达,无法将其绘制成动画形式。虽无法呈现,但这也是在模型中存在的一种变化,望读者周知。

(3) 形式的改进

蜂巢模型的运行机制已经在之前详细阐述,对于它的思考和生成蜂巢模型的过程也不再赘述。那模型的合理性除了之前所提到的要素含义、运动路径相似以外,还能从哪些方面进行佐证才能更合理,更能代表男教师队伍的管理方式?

① 动态化呈现"助力""进""阶"管理概念

在拓宽了将男教师队伍作为整体发展对象来思考时,模型更能展现整体队伍的发展方式和阶段,如图 37 所示。

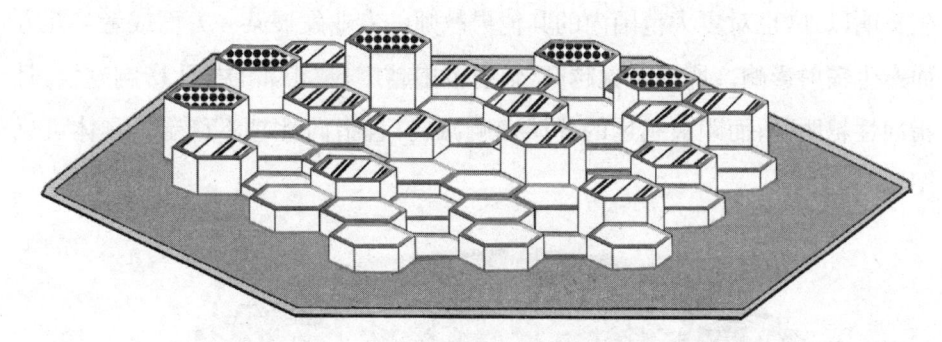

图 37　优化后的幼儿园男教师蜂巢梯队进阶模型

将男教师团队作为一个整体,对梯队建设提供发展支持,无疑是给整个"蜂窝块"提供了向上的助力;而对于个别男教师某方面能力发展的支持也能推动该"蜂窝块"的向上发展——无论哪种方式的支持,都会使个体在男教师团队中都得到高度认可,并会对其专业发展有重要的影响。

在第二阶段,针对男教师四年规划文本研究中我们也发现,男教师对于自己职业发展的期望和发展的速率期望是不一样的,该模型的呈现也体现了幼儿园在管理男教师队伍中不用"一把尺"来要求、尊重同一教龄的教师发展上的快慢和发展方向的不同。所以从图中我们可以发现,即使同处发展期的男教师,其水平能力有高低之分、其发展维度的侧重点会有偏差,但仍能与同期的男教师形成梯队,而非简单地以教龄作为梯队划分的唯一标准。模型可以告知哪些教师可以更"进",他的下一个最近发展区的"阶"可能在哪里。

当然，考虑到课题研究的体量，使用什么评价工具来衡量男教师发展的"进""退"，以及可以提升的"阶"具体在什么高度，是我们还没有做到的。当前，衡量这些指标仍然采用质性评价甚至经验评价的方式进行。目前在国内，衡量教师专业发展的评价工具（大多来自国外，但已得到信效度、本土化的保障）有不少，这将成为未来开展持续研究需要突破的新方向。

② 核心高位成员的辐射影响

从图37中我们也可以看出，部分成熟期甚至发展期的教师专业发展比较突出，因此处于梯队中较高的位置。他们除了对四周相邻梯队中的教师产生影响以外，也对更大范围内的其他男教师的专业发展某一方面或者某几方面产生辐射影响。所处位置越高，辐射范围越广；越相邻的梯队影响越大，且指向性越明确；而距离越远的梯队影响减弱，且指向性越不稳定。具体可见图38①：

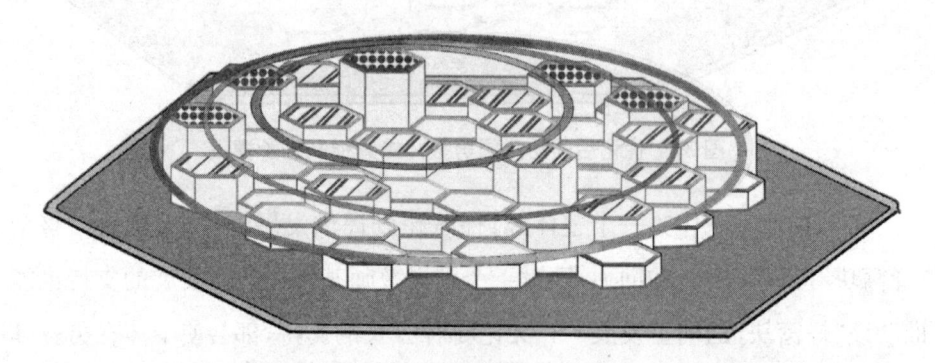

图38 优化后的幼儿园男教师蜂巢梯队进阶模型辐射影响图

③ 关于"不稳定因素"的考量

在前期研究中我们还发现，男教师团队稳定性往往会受到个体男教师的行为影响。例如，脱离幼教行业、更换工作单位、被边缘化、成为特别杰出的行业榜样等。模型将这些团队发展中可能产生影响的因素加入考量，如果以

---

① 为了便于查看，该图仅列出了最高处核心成员的辐射影响，而省略了其他高位成员的辐射影响；在实际情况中，每一个教师都会产生辐射影响，其区别仅在于高低引起的辐射远近问题。

模型的管理方式来实现男教师的发展,这些"不稳定因素"会对结构造成影响,但并不会威胁结构的稳定性。具体如图 39 所示:

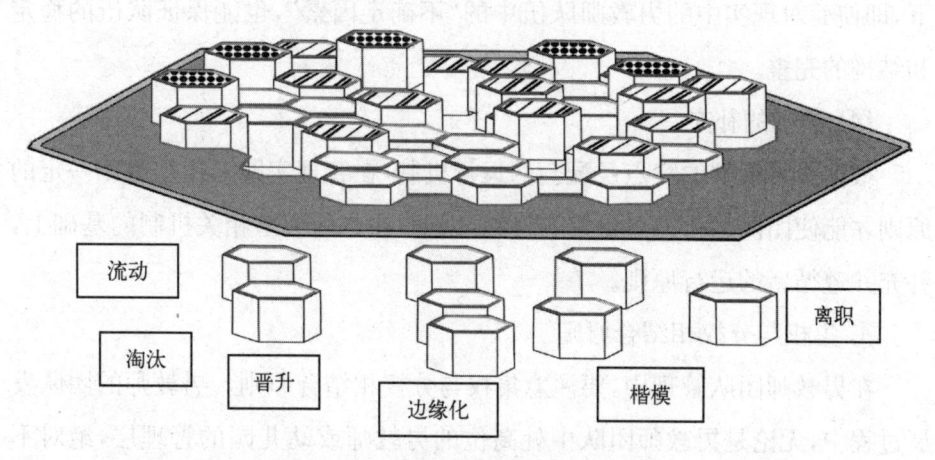

图 39　优化后的幼儿园男教师蜂巢梯队进阶模型的"不稳定因素"

图 39 中,我们发现有些"蜂窝块"掉落,但团队结构依旧稳固。这是由于对男教师的发展支持并非聚焦于单一的个别教师,而是往每个人身上用尽全力。随着时间的推移,掉落"蜂窝块"留下的空白,将会渐渐被其他新加入的"蜂窝块"或团队仍然存在的"蜂窝块"移动后填补。在工作中观察和分析男教师个体发展特质和群体发展特质后,以此为基础的顶层整体发展规划更有利于团队的稳固。我们也会发现,当模型中超过一定数量的"蜂窝块"(以模型本身的规模和大小判断约为 80%)缺失,则整个模型也将坍塌。

从模型看,如果某个模块和周围联结模块提升的速度差异太大,它会脱离整个团队发展。个人发展特别优秀的,对于团队更多的是榜样作用,能够造成的直接联结影响就很小;个人发展特别滞后的,可能会跟不上团队工作被边缘化,成为专业归属感低的个体,进而更换单位甚至离开幼教行业,也不与团队中的其他男教师形成联结。而保持相近发展速率的男教师则是最稳定的教师团队。

结合之前的研究,模型所呈现的管理理念是兼顾个体发展和群体发展,应尽可能避免造成过于悬殊的高度差异,通过提供专业化发展支持策略帮助队伍整体呈现向上发展的趋势。对于滞后的重视"推一把",对于优秀的强调"多辐射",是保持队伍稳定和整体水平发展的重要方式。在这样的管理理念下,即使面对现实中的男教师队伍中的"不确定因素",也能保证队伍的稳定和结构的完整。

(4) 原则的补充

根据蜂巢模型的特点及配套的运行机制,在管理实践上还须遵循一定的原则才能使团队运行得更稳定、有效。因此,在之前模型相关机制的基础上,补充并遵循新的运行原则。

① 集权与分权相结合原则

在男教师团队管理中,要注意集权与分权相结合原则。男教师的团队发展过程中,无论是男教师团队中处高位的男教师或幼儿园的管理层,绝对不能搞中央集权或一言堂,这会严重影响男教师的个性化发展。个性化发展是男教师非常重要的发展特点,有个性有优势更有利于男教师脱颖而出,失去了个性化就意味着男教师失去了重要的发展优势。这是由于先前的研究揭示,个性化发展的男教师,容易在某一方面、领域树立自信,进而影响到发展特质的各方面,其发展将会变得更稳定;同时在梯队模型中,男教师们容易形成互助补缺的氛围。因此,在核心辐射的基础上,适当甚至大胆放权,鼓励平等对话、广开言路,从长远来看,对于男教师的自主发展是十分有利的。

这一点原则是在原先蜂巢模型的管理原则上进一步思考而修改的。在原先的版本中,我们认为只有幼儿园的管理层才会对男教师梯队的发展造成绝对的影响,而忽略了在梯队中处于核心地位的男教师同样会通过自己在团队中的声望起到相当大的影响。同时,基于幼儿基本发展规律与教学规律的"个性化发展"是男教师专业发展中相当重要的关键词,理应得到更进一步的关注。

② 个体与群体结合原则

男教师团队管理中,要关注群体与个体相结合原则。此处的群体与个体包含两层意义。第一层是群体自主管理和个体自主管理相结合。所谓群体自主管理则是针对"蜂巢养护式"管理机制中的自主发展层[①]的管理,而个体自主管理则是指在管理中充分发挥个体男教师的主观能动性,在压任务、挑担子的过程中给予男教师充分的自主与信任。第二层是核心管理层和师训管理层在制定管理决策,落实管理工作的过程中,既要考虑对群体的关注,也要考虑对个体男教师的关注,在保证群体发展的同时,最大限度发扬个性。

我们发现,在充分发挥个体男教师工作的主观能动性时,他们的效能感也随之提升,尤其是在完成工作任务并获得肯定时。而效能感则对促进个体的专业情感、专业理想等方面起到积极作用。因此,给男教师们"压任务、挑担子",其实也能给予他们一定的受重视感。

3. 促进幼儿园男教师梯队进阶式发展模型的机制优化

为确保幼儿园男教师专业成长的有效性,在原有蜂巢模型运行机制的基础上,还应设立促进幼儿园男教师个体更好发展的机制和促进模型不断优化的机制。以下主要从两方面——运行中的机制、管理中的机制——进行论述。

(1) 运行中的机制

① 依托园、区、市三级男教师沙龙组织,提升"蜂巢"的广度与厚度

男教师沙龙组织作为专属于男教师的教研团体,从建立之初一直致力于为男教师发声,为其成长与发展打造平台,提供机会。随着男教师人数的不断增加,男教师沙龙组织也成为男教师们互相交流、抱团取暖的重要阵地。正因为男教师沙龙组织的性质和初心,使其成为男教师团队管理的重要抓手,为提升"蜂巢"的广度和厚度提供了很好的保障。在利用男教师沙龙开展管理工作上,我们在实践中关注了以下两点:

坚持"走出去""请进来"。坚持鼓励园内男教师团队"走出去",不做井底之蛙,积极参与各级男教师沙龙活动,在活动中认识来自不同地域、不同园所、拥有不同发展特点的男教师。这些男教师虽来自四面八方,不属于同一

---

① 关于本段中所涉及的"自主发展层""核心管理层"等概念,详见图40。

单位，表面上看似乎不可能成为"蜂巢"中的"蜂窝块"，但"走出去"建立的人脉，从某种程度而言，无形中拓宽了"广度"，有利于团队的发展。在"走出去"的同时，也要注重"请进来"。管理者定期邀请沙龙中优秀男教师代表来园交流，传经送宝，有利于提高本园男教师团队专业水平，从而有可能在不同程度上提升"蜂窝块六边"的厚度。

坚持优质资源与平台的开发与利用。制定场地、经费等条件保障，坚持深挖优质资源与平台的开发利用，例如每学期预留名额保证男教师参与专项培训等。借助区级、市级男教师沙龙的平台不断开发优质资源，使男教师沙龙的价值最大化，同时，管理层也要打开眼界，拓宽渠道，为男教师团队的发展挖掘领域更宽、资源更优的机会与平台，让男教师的发展不拘泥于幼儿园环境和学段限制，从全人发展的角度考虑资源价值，从而为梯队蜂巢进阶发展打下扎实的基础。

当然，随着客观条件和环境的变化，类似"男教师沙龙"这样的组织，也可以其他形式开展，如其他各类专业发展平台，并不一定需要聚焦于"男性"组织。

② 以"工作室""项目组""召集人"等不同形式助力梯队发展散点开花

"蜂巢"的稳固不仅需要有核心男教师的引领，更重要的是使每个"蜂窝小组"的联结与互动更加牢固。在维持整个"蜂巢"的稳定上，小组发展起到了十分重要的作用。为了加强这种联结，让小组中的"蜂窝块"之间六边联结更加紧密，在管理实践上尝试以"工作室""项目组""召集人"等不同形式助力小组散点开花。

设置男教师工作室。工作室以成熟期男教师领衔，由领衔人完成日常的管理和活动组织，其作为工作室的核心除了带领男教师团队开展研修工作外，亦可以开展科研或完成园所重要的事务性工作。需要强调的是：工作室的组织与教研组略有不同，两者虽在帮助男教师专业发展的功能上类似，但其组织形式和具体工作任务则更具男教师特点，也体现工作室领衔人本人的理念和思考，因此工作室既不能像教研组，也不能代替教研组。另外，教研组相对更为聚焦教师专业知识、专业能力的发展，而工作室开展工作的形式相较更为松散，也更容易聚焦于专业情感、专业理想、专业理念等方面。

开展男教师项目组工作。项目组是以具体的研究项目为基础，由项目申报者组织若干教师共同开展的教科研工作。项目组工作持续时间从项目申报立项开始至结项。与工作室不同，项目组的申报者可以是成熟期男教师，亦可以是发展期甚至是新手期男教师，而参与项目的男教师数量也受名额限制。大家以志同道合的兴趣和目标开展项目研究，在研究的过程中每一个"蜂窝块"之间的链接会越来越紧密，不同的项目组则会形成"蜂窝小组"，从而在提升专业能力的同时，加强蜂巢的稳固。作为夯实蜂窝间联结的辅助手段，通常具有较好的效果。

建立"召集人"机制。在前期访谈中，男教师普遍认同：适当承担任务与挑战有助于其工作能力与责任心的提升。因此在管理策略的思考上，我们认为：适度地压任务、挑担子，将一些工作以临时性"召集人"方式，由普通男教师负责，能够让更多的男教师得到锻炼，有助于"蜂巢"中的新手期男教师或发展水平一般的男教师得到激励。这也与管理原则中的"个体与群体结合原则"吻合。

③ 探索、实践多种模式带教，助力不同发展期男教师专业成长

对男教师团队的管理而言，组织团队带教工作是其中非常重要的部分，基于男教师梯队蜂巢进阶发展模型的需求，研究团队在针对男教师带教工作的组织管理上也做了相应的调整与实践。

针对见习期男教师的带教，在导师安排上，可以班级导师与学科导师男女搭配的方式开展带教工作。见习期男教师既需要一位男性师父给予其更多同性别的发展指导，也需要从女性师父身上学习幼儿园教师工作的本体性知识，因此，男女导师的搭配可以更有利于男教师走稳入职第一步。这种模式的制定基于在实际工作中，女性师父往往会作为见习期男教师的搭班（考虑到性别平衡，一个班级往往由男女搭班）存在，主要指向的是其"专业知识""专业能力""专业理念"；而男性师父则作为其同事的身份存在，主要指向的是其"专业情感""专业理想"等的发展，覆盖了专业发展中的所有方面。

男教师工作室的共同带教为见习期男教师提供了除见习教师基地以外的另一个带教场所。在男教师工作室中，见习期教师能有机会在工作室中学着更纯粹地像男教师那样去思考、去行动，有机会与优秀成熟期男教师面对面，获得交流专业心得、拓展专业视角、转换专业思维的机会。这样的模式，同样是为了进一步加强在男教师梯队进阶式发展模型中的"联结"强度，为梯队的稳固性及其效果提供正面影响。

向见习期男教师开放项目组研究、任务式召集人等工作机会。见习期男教师也是"蜂巢"中的"蜂窝块"，自然有机会和其他"蜂窝块"建立联结，通过参与项目组活动，参与召集人的工作任务，甚至自己担当召集人来"发展自己"。

在青年男教师群体开展伙伴式团队带教工作。伙伴式团队的成员组成包含一位导师和三位学员，导师与学员建立相互交流、相互合作、相互支持、相互激励的伙伴式团队关系并开展针对青年男教师培养的团队实践活动。从某种意义上说，伙伴式团队本身也是一种"蜂窝小组"，通过带教形成"蜂窝块"之间的联结。而小范围的蜂窝小组中的联结，同样会为大模型中个体之间的联结稳固度及其效果起到积极的作用。

伙伴式团队带教活动以激发男教师主观能动性、关注男教师职业情感塑造、重视男教师全人发展为实施原则，以"1+3+X"模式开展带教实践，最终实现导师与学员的共同发展，见图40：

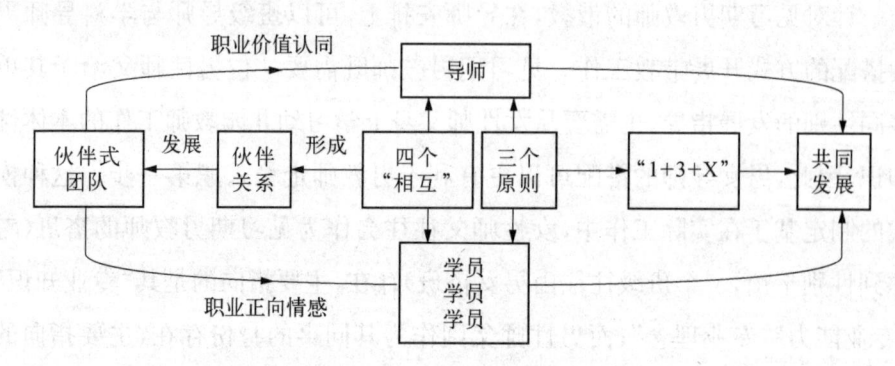

图40 "伙伴式"团队带教关系图

伙伴式团队带教活动的实施途径归纳为"1+3+X"模式,即针对2至5年男教师的"1个必选项""3个自选项""X生成项"多元成长路径,导师在"1个必选项"内容上给予学员一对一、手把手的指导其职业规划的制订;"3个自选项"路径则是以团队研讨的方式开展的专业能力实践活动,促进导师学员共同成长;"X生成项"则更多关注男教师的个人发展需求,在职业困惑与情感塑造方面给予个性化引领。

值得一提的是:在"3个自选项"的实践中,作为导师的成熟期男教师需要根据自己的专业优势或研究领域,结合学员需求开展团队研究,这个过程是一个教学相长的共同学习过程,对成熟期男教师本人和发展期男教师们都是宝贵的收获,这也是"蜂巢"中群体之间相互作用的表现。

总之,不同带教模式的建立,主要目的是进一步增加见习期男教师在整个蜂巢模型中与其他个体之间的联结,在非拥有男教师团队的幼儿园中,则表现为增强其与幼儿园其他人员之间的联结。增加联结的可能、提升联结的牢固程度,其目的则是增加见习期男教师的专业归属感,使其顺利度过专业发展的第一个和第三个关键节点[①]。

④ 以"高、精、尖"教学应用,激励、武装男教师团队

作为男教师团队的管理层,从有利于男教师专业发展及发挥男教师在幼儿园教学中的作用角度出发,在男教师团队发展的环境和软硬件材料投入上要有一定的标准和眼界;作为女性管理层,也须以男性视角审视环境与材料,关注其是否真正有利于男教师团队的发展。在这方面的管理策略上,我们尝试从以下角度进行思考与实践。

提供"高、精、尖"的环境与材料的条件保障。条件的适度"超前"体现出的是管理层对这一群体的关注和发展的期望,作为男教师梯队蜂巢进阶发展的土壤,充满创造潜力的环境和材料能够激发男教师们的创造力,从而为个体的发展及新的"蜂窝小组"的形成创造条件。如设立专门的"男教师工作

---

① 详见图29"幼儿园男教师专业发展特质示意图"。

室",给予男教师们一个共同创作的空间;提供幼儿园经费允许的多种不同硬件设备,如 3d 打印机、显示设备、电子画板等;提供经费支持男教师购买各类不同材料、教玩具,鼓励男教师在教学实践上求新求异。有了土壤、种子,外加男教师的自身努力,才能收获硕果。

在提供对象上注意全体标配与个性化配置。管理者在环境与材料的投放上应进一步精细化,在推广性环境和材料上可采用群体标配的方式,鼓励男教师团队开展教研,保证在使用上人人过关。但并不是所有的材料都适合粗放型投放,例如,个别男教师对于音乐创作有着特殊的天赋,一套音乐制作系统能够为其专业发展插上翅膀,但这样的材料不适合人手一套,这时就需要采用个性化配置,鼓励有特长的教师开展项目组研究,从而让材料的价值最大化。

创设开放、包容与创新的心理环境。在男教师蜂巢梯队进阶发展的管理上,离不开开放、包容与创新的心理环境建设。为男教师提供了充满创造潜力的环境与材料,提供了丰富的机会与平台鼓励男教师自由"捣腾",这一切都需要有相适应的心理环境作为重要支撑。如果硬件到位,但在管理上集权、保守,处处设障碍,那么再好的条件也无法让"蜂窝块"联结并实现真正意义上的动态进阶。

⑤ 以骨干、核心男教师的发展和输出树立典范,提振信心

骨干教师无论对哪一类教师团队而言,都是宝藏。充分挖掘、发挥骨干教师的功能和价值,对于梯队的发展有着事半功倍的效果。在男教师蜂巢进阶发展模式中,骨干、核心男教师同样发挥着重要作用。因此,在管理上,一方面,应使用积极有效的策略,推动其在梯队中的发展和价值最大化;另一方面,也应考虑管理原则,避免"一言堂"等集权主义出现。管理上程度的把握应根据实际情况及时调整。

多途径助力骨干、核心男教师的发展。在骨干、核心男教师的发展上充分挖掘有效途径,形成以职称晋升促稳定、以带教工作助成长、以评比竞赛拓眼界、以科研实践上台阶、以绩效管理聚人心的"五个以"基本管理思路,开展针对成熟期男教师的管理实践,使其在工作中能够更安心、更有责任心、更有成就感地投入,从而真正成为蜂巢核心的定海神针。

保证优质男教师的持续输出。在男教师蜂巢梯队进阶发展的过程中,管理策略上还应关注优质男教师的持续输出。由于幼儿园规模和男教师梯队发展自身的限制,从长期发展的角度看,确实存在着上升空间不足的问题。正所谓流水不腐,蜂巢中优质"蜂窝块"的输出,对于团队的稳定不仅不是坏事,反而还能成为激励其他男教师更好发展的动力。不仅如此,"蜂窝块"的离开,也为其他小伙伴提供了发展空间和机会,让整个梯队始终处在动态进阶的过程中。

(2) 管理中的机制

无论是怎样的教师团队,终究是脱离不了园所的范畴。团队与园所的关系,也决定了管理对团队发展的引领、指导作用。在蜂巢模型建立的前期研究中,我们忽略了这一关系,而仅以团队内部的视角看待问题,这无疑是不科学的。因此,基于以上关于男教师蜂巢梯队进阶发展模型的说明,我们认为需要思考与之形成和发展相匹配的管理机制,以便通过管理的顶层设计实践来最终达到蜂巢模型、助力男教师团队发展的功能最大化。为了实现这一目标,以下将从管理网络的架构、管理运行的机制、管理机制的价值意义三方面着手开展行动研究,以期能够发现与蜂巢梯队进阶发展模型相适宜的管理实践经验。

① 男教师团队管理网络架构及管理运行机制说明

I. 管理人员

在"蜂巢养护式"管理机制中,涉及对象包含三个层面,分别为外围管理层面、自主发展层面、外围培养层面。具体管理人员架构见图41,管理网络架构详见图42:

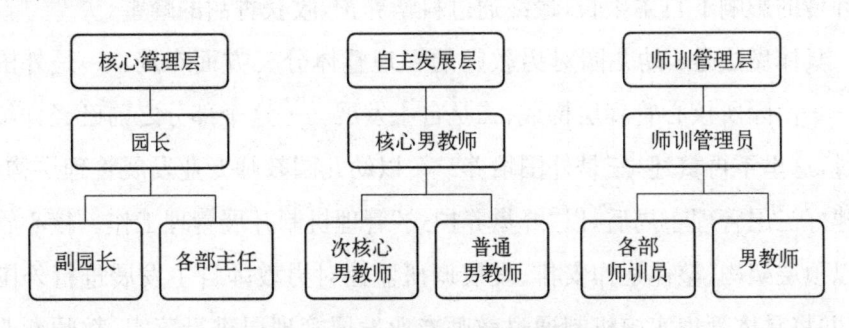

图 41　男教师团队管理人员架构图

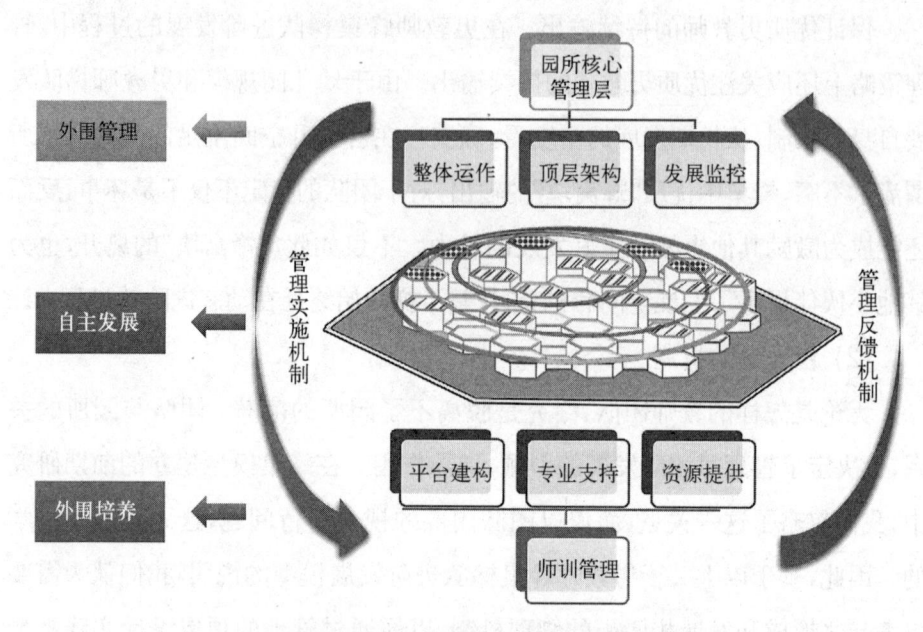

图 42　男教师团队"蜂巢养护式"管理网络架构图

II. 管理运行机制

男教师蜂巢梯队进阶发展管理的运行机制为"蜂巢养护式"管理机制。其最核心的特点是：外围管理与内部自主发展相结合，在做好顶层管理设计的前提下，适度放手，给予男教师充分自主发展的空间。自主发展的空间是重点，但"放手"发展从来不意味着"放纵"——设立框架，然后最大限度鼓励自主发展。就好似养蜂人对蜂巢的养护，先从外围入手，做好硬件、环境、养护手段的条件创设，但"蜂箱内的小蜜蜂们"则遵循自己的生长特点和规律，在环境的影响下自主生长，最终通过科学养护，收获香甜的蜂蜜。

具体做法是：幼儿园对男教师的管理整体分三方面布局：一是外围管理——由园所核心管理层构成；二是自主发展——这个部分之前已经详细描述过，这里不再赘述；三是外围培养——以幼儿园教师专业发展管理层构成。构建好三层管理布局后，以"蜂巢养护式"管理机制开展管理工作。核心管理层以顶层架构、整体运作安排、发展调研监控对男教师自主发展进行外围管理，并将具体管理实施机制通过教师专业发展管理层进行落实；教师专业发展管理层为男教师提供平台、资源、支持的外围培养方案,并建立管理反馈机制向核心管理层反馈培养情况。参考图40,在这样的外围架构基础上,男教师得以在内部的自主发展区域中成长,他们以核心、次核心、个体三类男教师的不同阶段,通过三种不同的相互影响状态,一是直接管理(指导),二是间接影响(榜样),三是相互成就(合作),进行管理上的有效联结,最终形成内部动态的自我管理和自主发展。

② 管理机制的价值意义

"蜂巢养护式"管理机制的出现,给男教师团队梯队进阶发展和幼儿园教师队伍的整体发展都带来了积极的影响,主要表现在以下几方面:

Ⅰ. 结构稳定

男教师蜂巢梯队进阶发展模型及其管理策略让男教师梯队保持结构稳定,不仅表现在男教师的人员流动离职情况少,男教师队伍凝聚力强,还表现在男教师队伍的整体发展结构十分合理,新手期教师、发展期教师、成熟期教师的分布和发展均衡,即使有离职或发展滞后的状态,也会通过个体之间的联结弥补。总体而言,结构稳定是蜂巢进阶发展及其管理给男教师队伍带来的最积极影响。

Ⅱ. 提升男教师个人发展动力

男教师个人发展动力的提升也是管理上的积极影响之一。由于在管理实践中加入了个性化的带教、"压任务挑担子"式的挑战、工作条件上也提供了个性化配置的机会,各种管理投入都大大激励了男教师个人的创造力和其他综合能力;与此同时,男教师的责任心和主人翁意识都更强了,在这样的状态下,个人发展的动力比原来有了进一步提升。

Ⅲ. 团队呈现良性动态进阶发展态势

整个男教师团队的发展呈现出了良性的动态进阶发展态势。在报告的前文中提到:男教师蜂巢梯队进阶发展中,表现出了符合男教师队伍发展规律的动态进阶态势,即虽然某些男教师在某个阶段或某个领域出现了发展停滞甚至倒退,但从整体宏观的角度看,整个团队还是以动态进阶的发展态势不断前进，并整体表现良好，个别男教师则表现出非常强劲的发展速度和状态。

IV. 给幼儿园教师队伍的整体发展带来积极影响

男教师团队良性发展态势，不仅为整个幼儿园教师队伍的发展提供了优秀的个体样本，也带动和影响了周围的女教师团队。男教师在专业上的独特视角和创造表现，都给女教师带来了新视野的拓展。同时，男教师在个别领域表现出的优势和能力也为女教师在教育科研上提供帮助，在提升女教师的工作效度的同时，也为其专业成长创造了新的条件。

当然，管理机制的制定对男教师梯队发展并非决定性的意义，重要的是在管理实施过程中，也须注意管理程度的把握，要根据客观情况、主体发展情况的变化进行及时、灵活的调整。从蜂巢模型1.0版本进阶到2.0版本的过程中，我们充分认识到了"实践出真知"的道理，不断对当前模型细节、相关原则、管理机制等进行大量重构或微调。但限于课题研究的体量和时间，无论是模型本身还是管理机制仍需要时间和实践去验证和优化。

四 研究成效

本章节主要阐述关于幼儿园男教师蜂巢梯队进阶模型相关行动研究在实际工作中产生的成效。由于课题研究时间所限,故主要从访谈分析成效、模型价值分析、实践工作成效三方面进行阐述。

涉及较多教师专业发展的模型,从建立、验证、调整等多项步骤之后,才能得到最优化的结果。经验尚浅的本研究团队,在设计讨论最终的研究成效部分,花费了不少的时间,也遇到了不小的困难。核心问题是使用何种手段进行评价,最终选择访谈法作为主要手段,出于两点考虑:访谈法对于采集受访对象的真实想法较有利;课题研究花费了大量时间于模型的建立与调整,在接近尾声阶段则显得时间不够。当然,就如上一个章节末尾所提到的,模型的实践验证仍然需要大量的时间——这是一个长期的过程,或许能够成为后续研究的新方向。

(一)访谈分析成效

在模型建构及优化、机制探索及建立的基础上,在研究的尾声阶段,对采取幼儿园男教师蜂巢梯队进阶发展模型的、本研究团队立足的幼儿园男教师们,使用访谈法进行行动研究的成效分析。

采用行为事件访谈法,通过对本园男教师团队中的15名男教师进行行为事件访谈,要求被访谈者分别说出三件积极影响和三件消极影响(遗憾)的典型事件,对事件的时间、地点、起因、经过、结果和影响作用等相关因素进行详细描述。运用行为事件访谈提纲及录音笔进行记录。

幼儿园男教师作为幼儿园教师群体中少数部分,除了承担基础的本职工作,还有很多额外的工作任务,如电脑设备维护、摄影摄像、后勤保障等。本研究中男教师作为团队的一员,根据男教师的教龄、特长和兴趣有不同的分工。总共选取了15名职称、教龄有别的男教师作为本研究进行行为事件访谈的对象。

本研究针对访谈对象编制了《男教师梯度进阶成效访谈概要》。共包括两个部分:第一部分主要包括访谈者自我介绍、访谈的目的、访谈的时长、录音许可和致谢等内容;第二部分是访谈的具体问题,主要包含了6个问题。(见附录四)

研究过程

① 行为事件访谈的实施

I. 预约男教师

本研究通过线下线上通知的形式与被访谈者取得联系,约定了行为事件访谈的时间和地点,对访谈做了简短的介绍并取得行为事件访谈的录音许可。

II. 准备访谈

在访谈开始之前,研究者提前准备好了录音设备和访谈提纲。

III. 实施访谈

出示《男教师梯度进阶成效访谈概要》。在访谈正式开始之前对研究者及访谈内容进行简介,申明行为事件访谈的保密原则并开始录音,依据《男教师梯度进阶成效访谈概要》进入正式访谈。

IV. 结束访谈

感谢被访男教师接受行为事件访谈及提供了非常有价值的访谈内容,并对行为事件访谈资料进行整理与编码。

② 行为事件访谈资料的整理与编码

I. 编码对象

通过对15名幼儿园男教师的行为事件访谈获得15份访谈录音,访谈时间在 15 分钟左右,经过对访谈录音的逐句转录,获得 15 份访谈文本记录用于编码。文本记录字数从 1 500 到 3 100 不等,共计 43 758 字。

II. 编码工具

根据前文"专业成长特质"的文献述评部分确立。

III. 编码过程

编码小组由一名华东师范大学学前教育研究生和两名华东师范大学学前教育本科生组成。首先,三位编码者对相关教师专业成长特质的文献进行理解学习和熟识掌握,共同对 3 份编码样本进行编码处理,通过共同解读和定项最终达成共识。进而在互不沟通的情况下对其余 12 份访谈文本记录进行编码。各自编码结束对编码结果进行互相核对,将编码不一致的文本进行记录并讨论,最终确定所有编码一致。

以下以一则编码片段示例三位编码员由于各自编码结果存在差异进行商讨最终达到定项的过程:

某老师在男教师团队中的自行定位为:"在团队中给自己的定位是一个哥哥的角色。"

1 号编码员将编码重点放在,该教师处在团队高层,对其他教师起到了专业指导和引领的作用,因此编码为"专业能力";2 号和 3 号编码员将重点放在哥哥的称谓更多地用于生活中的家庭中,将整个男教师团队比作一个家庭,自己定义为"大哥哥"的角色,旨在让团队中的各个老师有"家的归属感",所以编码为"专业归属"。

面对同一材料的不同编码结果,三位编码者进行了讨论。三位编码者再次明确了行为事件访谈编码的基本原则是将焦点集中在被访谈者实际的背景和行为,而不是行为取向的表述。

不能编码为"专业能力"——被访谈者所回答的问题背景和所处的团队环境不是一本正经的单一处理工作的情况,除了工作也有大部分包含了生活的部分,所以该编码样本的"哥哥"行为不局限于工作指导,就被访谈者进行访谈时的语气和动作来看,更多的也有生活上的关心。

应该编码为"专业归属"——被访谈者由于对专业相关知识精通而获得其他团队成员的青睐,同时被访谈者愿意在工作和生活上关心身边的男教师,愿意利用自己的工作经验传播和延伸于其他男教师,能预设其他男教师解决可能遇到的工作和生活上的问题,并且希望将这个过程生活化和轻松化,让男教师获得更好的工作体验。

经过如上述简要呈现的考虑和商讨,三位编码员一致认同将此处文本编码为"专业归属"。

IV. 编码示例

下列三则编码示例分别从不同胜任特征的编码展现本研究的编码过程:

编码示例一

"必须得在某一些领域当中,他们能够独树一帜地形成自己的一种专业经验(专业知识)和一种积淀(专业能力)。我觉得从幼儿园管理角度上面来讲,我们必须得更加去坚定自己的一种模型,使它能够变得更加稳固。这个可能是我们在未来工作方向(专业理想)当中不断地去追求的一个方向。"

编码分析:

本编码片段中专业经验和专业积淀是平行关系,说明两者内涵有所区别而经验性的内容比较靠近理论知识,与编码中的"专业知识"的操作性定义相近。因为编码为"专业知识",同理专业沉淀编码为"专业能力";本编码样本为男教师团队中高层管理者的访谈文本,所以更多地以管理者的角度阐述问题。此处的未来工作方向更多是整个团队的发展走向,是站在管理者角度上的"专业理想",因此编码为"专业理想"。

编码示例二

"因为大家都是要养家糊口(专业理想)的嘛,最后还是要回归生活(专业倦怠)的嘛,去一个工资比我们高很多的地方就是人之常情嘛。"

编码分析:

本片段阐述了幼儿园男教师从事该职业的最终目的,虽然养家糊口并非其表述的专业理想的全部,但也是专业理想的重要组成部分。因此编码为"专业理想";"回归生活"更多地表示了被访谈者言语之中透露出的遗憾和无奈,也是与专业理想所冲突的部分,因此编码为"专业倦怠"。

编码示例三

"做这个老师这一行也就是大家都是同一个行当,包括大学也是读同一个专业嘛,就是比较聊得来(专业理念)。那我们的工作模式呢其实就是一方有难八方支援(专业归属)的这么一种工作模式,我觉得这一点还是蛮好的。"

编码分析:

因为男教师之间的年龄和文化差异以及学历背景相似,所以在日常学习生活中的共同话题较多,能够在同一个价值观、教育观背景下进行沟通,因此编码为"专业理念";工作模式呈现出团结、分工合作以及互帮互助的特点,并且众多被访谈者对这个工作模式表示肯定,且访谈同时露出赞赏的表情和肢体语言,体现出这个工作模式下的非反感状态,故编码为"专业归属"。

③ 编码结果

I. 编码频次统计

各项胜任特征编码频次如表14:

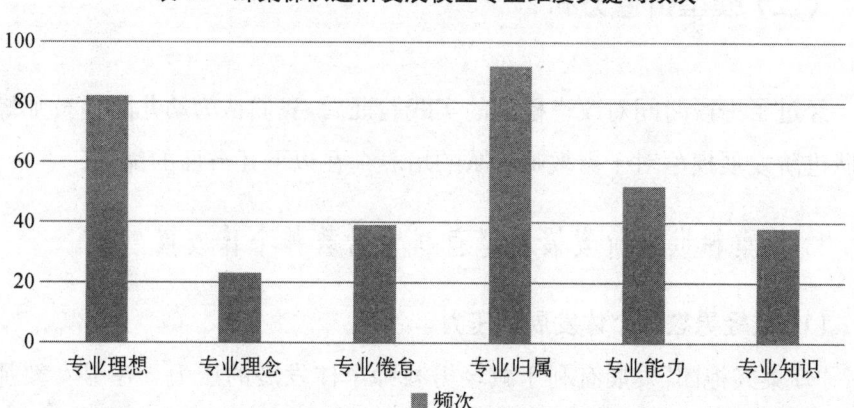

表14 蜂巢梯队进阶发展模型专业维度关键词频次

关键词	频次
专业理想	82
专业理念	23
专业倦怠	39
专业归属	91
专业能力	51
专业知识	37

Ⅱ. 编码频次信度验证

通过三位编码者对三份编码样本进行编码和讨论,将编码频次统计结果进行对比,本研究的编码频次统计结果为:

1号样本,1号编码员与2号编码员相似度为81.3%,与3号编码员相似度为81.3%,平均相似度为81.3%;

2号样本,1号编码员与2号编码员相似度为55%,与3号编码员相似度为72.8%,平均相似度为63.9%;

3号样本,1号编码员与2号编码员相似度为70%,与3号编码员相似度为73.1%,平均相似度为71.55%;

三份总样本平均相似度为72.25%,说明本研究的编码频次统计结果具有一定的信度和效度。

Ⅲ. 编码结果

根据编码结果,模型对发展成效分别体现在以下六方面(排列顺序代表对男教师促进最大的关键词进行排列):专业归属、专业理想、专业能力、抗专业倦怠、专业知识、专业理念。

结合前述研究的相关男教师专业成长特质情况,尤其是图23,可以得出蜂巢梯队进阶发展模型对本园个体男教师的专业成长具有成效性。

(二)模型价值分析

经过了一段时间对改进模型的实践验证后,我们认为幼儿园男教师蜂巢梯队进阶发展模型对于男教师梯队的培养存在以下几方面的优势。

1. 蜂巢梯队进阶发展模型有利于男教师个体发展

(1)减轻男教师个体发展的压力

"蜂巢式抱团"发展有利于减轻男教师个体发展的压力。在男女教师专业发展特质的比较研究中,我们发现:由于社会观念、薪资酬劳、家庭状况、个人发展预期等方面的影响,男教师在职业认同、职业归属等方面的表现明显低于女教师,加之工作环境和氛围的进一步影响,男教师在职业发展的压力表现上则高于一般女教师。通过访谈发现:在"蜂巢式抱团"发展的男教师团队中,男教师们普遍认为,团队氛围的相互鼓励和支持能够很好地降低男教师在工作中的负面情绪,减轻其独自发展的压力。

一些容易被忽略的个体男教师往往会走向"流失"的结局。男教师蜂巢梯队进阶模型对这一部分男教师的带动作用是最明显的;同时,"稳定"二字也是这个模型能体现出的最大特点。只有基于稳定的发展,才能在教师专业发展道路上持续前进。

(2)"蜂窝块"的链接带动"六边"发展

在蜂巢进阶模型中,每一名男教师都是一个六边形的"蜂窝块",每一条边都代表男教师的一个专业领域,而"蜂巢式抱团"的组合方式让"蜂窝块"的每一条边都不是孤立的,每一条边都联结着另一个"蜂窝块",多个"蜂窝块"构成了小组,多个小组最终形成"蜂巢式"的团队,单个"蜂窝块"与团队的联结不是单一而是多面的,"蜂巢式抱团"给男教师个体带来的将是"六边"的全面发展。当然,并不排除个别"蜂窝块"之间的边线联结存在停滞或倒退的可能,但正因为有"六边"的联结存在,因此,每个"蜂窝块"从宏观、整体上看还是会以动态进阶的方式不断向前发展。

当前学前教育大背景下,对于教师的"个性发展"尤为重视,但需要注意的是,"个性发展"同样是以"全面发展"为基础的。在本区域男教师发展的早期,绝大部分男教师都以专职教师的身份存在,如体育教师、电脑教师、美术教师等。但在普遍的认知中,这样的专职教师并没有被纳入"日常带班、贴近儿童的幼儿园教师"行列中——许多专职教师甚至没有得到公办编制,自然也就谈不上评职称、参加专业竞赛了。蜂巢进阶模型进一步避免了单极发展的趋势,个体之间的互相影响,使得他们能够更为全面地发展。

(3)避免"一把尺""一刀切"式的个体评价

"蜂巢式抱团"形成的男教师团队与以往阶梯形男教师团队的发展模式

不同,自然也不能用以往传统的评价方式,单纯以年龄或教龄,论资排辈等方法对男教师进行简单分类。在蜂巢进阶发展模型中,每一个"蜂窝块"都处在动态进阶的变化中,即使处在同一发展期的男教师,也可能存在发展快慢、发展侧重点和最终发展方向上的差异。因此,蜂巢进阶发展模型对于个体男教师的评价更个性化,既尊重男教师在发展特点上的差异,拒绝用"一把尺"去衡量不同的男教师,也避免"一刀切"式的评价。

但同时,如何使用更科学的方式对个体进行更为客观的评价是本模型的一个缺陷。目前的评价偏质性与主观,仍然缺乏一定的科学性;教师专业发展的评价方式是一个系统,在当前框架中的评价仍缺乏参考和依据,还须后续进一步研究。

2. 蜂巢梯队进阶发展模型有利于男教师群体发展

通过研究我们发现,该模型不仅有利于男教师个体的发展,也同样对男教师群体发展起到积极作用,具体表现为以下三方面:

(1) 有利于形成群体内部成员间的相互作用力

在以往梯队发展模式的群体关系中,新手男教师总是扮演学习者的角色,而成熟期男教师则总是以引导者、带教者的角色影响群体中的其他成员。久而久之,会出现成熟期男教师发展停滞、上升动力略显不足的问题。在蜂巢模型发展的过程中,无论是新手教师抑或成熟教师,每一个"蜂窝块"都存在相对的发展长处与短板,"六边"厚度并不均衡,通过"蜂窝块"之间的紧密联结,处在不同发展阶段的男教师之间会通过参与丰富的专业发展活动,形成相互的作用力,从而取长补短,最终实现共同发展。

我们在实践中发现,通过加强彼此联结,不同"阶"的个体不仅在专业知识和能力上获得了"教学相长"的效果,在专业情感、专业理想方面也得到了共鸣。携手前进的意味在团队中扩散,对整个群体形成了积极作用。

(2) 使群体内部不同发展期教师作用最大化

前期研究发现:处于蜂巢进阶发展模型中的每一位男教师个体,在群体发展中都有着各自的作用与价值,这种作用与价值可能表现在个人与个人之间的相互影响,也可以表现为个人之于群体内部。例如,处于发展期的男教师对于整个"蜂巢"起着承上启下的重要作用,这与他在群体中担当的角色有很大的关系。发展期男教师虽不像成熟期男教师那样有号召力而成为"蜂巢"的中心,但其在发展上的强项或优势,同样吸引着志同道合的"蜂窝块"向其聚拢,千万不能小看这样的"蜂窝小组",虽然它形式比较散点、状态也不够稳定,然而一旦"蜂巢"核心发生变故(升职、离职),这些"星星之火"就可以承上启下、接续而起,成为新的中心,使"蜂巢"结构始终稳固。这样的变化也在提醒我们,在制定男教师团队管理机制的过程中,要注重通过"压任务""挑担子"给予男教师队伍充分锻炼的机会,让有可能成为核心的"蜂窝块"们有机会在群体中脱颖而出,吸引其他"蜂窝块"形成小组,从而承担起承上启下的作用。

(3) 重视处于成熟期男教师多元价值

在"蜂巢"中,成熟期男教师的价值是多元的——专业发展上的示范辐射,多级带教中的指导,男教师职业情感上的塑造和正向引领,等等,无不体现着成熟期男教师的作用。而这些,也仅仅是一般意义上的价值所在。蜂巢梯队进阶模型中的成熟期男教师,其价值不仅局限于"六边"的输出上。在团队进阶发展的过程中,成熟期男教师自我的不断更新,其自主发展、不断学习的行为本身对团队也是有价值的;同时,虽然每一个"蜂窝小组"处于各自的动态进阶发展过程中,但也会接收到来自核心的支持与影响——关键时刻的点拨,适度地"推一把"都可能成为"蜂窝小组"发展的关键事件。另外,成熟期男教师的升职和职称荣誉晋升,都可以成为团队发展的激励,影响和触动着每一个"蜂窝块"。

这方面的影响,来自前期研究的成果——榜样的力量对于男教师的促进作用是十分明显的。因此,放大成熟期男教师在团队中的辐射作用,对于整体的提升作用是巨大的。

(4) 从"单路进阶"向"动态进阶"的转变尊重群体发展规律

每个男教师因其性格、特长、爱好、家庭背景、受教育环境等因素的影响,会在教育专业领域上表现出各自的特点。传统"单路进阶"的发展模式,男教师被按照教龄划分成不同层级,不同层级之间的进阶,靠固定时间节点的"一刀切"式培养方案和"一把尺"式的评价方式进行,层级与层级之间则是论资排辈相对固定。从男教师专业成长特质及专业发展需求研究中可以看出,男教师的专业成长受很多因素的影响,发展过程复杂多变,因此,"单路进阶"的发展模式并不符合男教师团队发展规律和需求。"动态进阶"则是在尊重个体差异的基础上,通过"蜂窝块"之间的联结,形成个体与个体,个体与群体之间相互影响,最终实现个人的专业提升和团队整体上的动态向前发展。此处的"动态"不仅包括个人和团队的进步,也包含阶段性的停滞和倒退,但从宏观上看,整个团队依然在向前发展。

3. 蜂巢梯队进阶发展模型有利于男教师团队的稳固

如前序所述,稳定是蜂巢梯队进阶发展模型的最大特征。对这个小众群体而言,尽管历经多年发展,其流失现象相较发展初期而言已有了不小的改观;但稳定性仍然是幼儿园招聘男教师时考虑的第一要素——幼儿园由于日常工作的特性,对于教师的稳定性要求极高。关注模型对于男教师稳定性的影响,也是我们在实践验证过程中的一个重点。

(1) 经得起"掉链子"——个体离职

由于男教师群体的人数相对较少,发展样本有限,因此男教师团队的稳定性往往会受到个体男教师行为的影响,如离岗、离职、边缘化等;当然也有优秀的行业榜样夯实了队伍的稳定基础。在蜂巢梯队进阶发展模型中,实践研究发现:由于"蜂窝块"之间的联结并不是单向的,唯一的,蜂巢的架构能够很好地弥补由于单个"蜂窝块"离职对结构稳定性造成的不良影响——周围的"蜂窝块"依然有来自其他小伙伴的支持。

(2) 经得起"拖后腿"——发展滞后

无论是什么类型的团队,其成员中都会存在一些"后进"的小伙伴,发展滞后或许是客观能力不够,也可能是主观态度不好:前者多半会在团队里成为被帮助的对象;而后者如果引导不好,则有可能成为团队中的"害群之马"。面对这样的问题,蜂巢梯队进阶发展模型能够有效降低发展滞后的个体对群体的负面影响,同时在"蜂窝块"的联结中找到滞后个体的发展机会,激励和触动其进一步挖掘自身潜力,尝试有所突破,而当激励无果时,适时地断开联结,也不会对团队的整体发展造成不良影响。

(3) 蜂巢梯队进阶发展模型具有一定普适性价值

尽管本研究的对象为"幼儿园男教师",但本研究最终成形的团队发展模型同样适用于以团队模式寻求发展的幼儿园教师专业发展途径。幼儿园教师这一职业是特殊的,尤其是在教育领域——幼儿园保教结合的教育模式、坚守以游戏为基本形式的活动样态等,这些特质都有别于其他学段的教师。而无论在幼儿园男教师"蜂巢梯队进阶发展模型"说明、其配套机制、发展规律中,我们也可以看到幼儿园女教师众多教育特质的体现。而在本模型实践过程中,由于男教师团队始终存在于幼儿园这个相对封闭的环境中,我们也发现,在蜂巢模型之外的女教师由于工作、专业上的交集,也和一些"蜂窝块"建立起了联结。而这种联结,同样有助于整个幼儿园教师专业发展的稳定性。

因此,以此模型为本,根据自身团队的发展特质来进行针对性的修改和优化,以期进一步适合自身发展、寻求更大发展效益的行动是可行也是值得鼓励的。

(三) 实践工作成效

幼儿园男教师梯队进阶式发展的行动研究给研究团队所在幼儿园的男教师团队发展及个人发展带来的积极影响也是明显可见的:

目前,在上海市范围内,研究团队所在园的男教师团队,已经颇具影响力。这不仅源于其规模的庞大,也是团队稳定性、专业性提升所带来的直接影响。

蜂巢模型中绝大部分个体男教师近两年所获提升、荣誉硕果累累。个人专业发展方面,一名男教师升任所在行政区学前教育指导中心主任;一名男教师成为上海市第一位男性特级教师;一名男教师成为区干部后备,即将出任园长;一名男教师成为幼儿园大教研组长,另有两名男教师成为教研组长;两名男教师获得高级职称,十名男教师获得一级职称。教学竞赛方面,市级层面包括"上海市中青年教师教学评选活动""上海市青年教师爱岗敬业技能竞赛"等,先后获奖5人次;区级层面的教学类竞赛,包括"区中青年教师评选活动""新苗杯""区教学设计比赛""见习教师规范培训课堂教学评选活动"等,则先后有25人次获顶级奖项,20人次获其他奖项。荣誉称号类,市级层面如"园丁奖""五一劳动奖章""教学能手""四有好老师"等称号,先后有7人次获得;区级层面如"区十大杰出青年""区教育体育系统十大杰出青年""优秀共青团干部""新锐教师"等荣誉称号获得人次超过15次。教育科研方面,先后6人在区级及以上征文评选活动中获得奖项,个人或团队立项区级及以上课题6个,10人在专业期刊上发表论文共12篇,区级及以上平台交流教学活动或专题讲座60余次……从发展阶段来看,不同阶段(新手期、发展期、成熟期)男教师收获荣誉、奖项分布较为平均。即使未获得奖项,处于模型中较低位的男教师,其所在园所、教研组对他们的评价也较高。他们在教研活动中、日常工作中处处发挥着男教师的积极主动,绽放光芒。这些足以说明模型给男教师个体发展带来的积极影响。

　　行动研究也使得男教师团队的文化氛围变得愈加积极向上。他们能全身心地投入专业中,往往为了一个教学活动的设计讨论到深夜,且彼此平等尊重,形成了团队独有的文化氛围,成为一道独特的风景线。在行动研究的启示下,管理层专门设立了男教师工作室,男教师们经常在工作室中讨论思考、加班加点,在这个工作室中诞生了众多经典的原创教学设计。看似是物理环境的变化营造了新的氛围,实则是男教师们感受到了信任,建立起了自律,有了新的改变,因此对于共同热爱的工作有了进一步统一的思想和无尽的动力。男教师们的氛围,也逐步影响到了幼儿园的女教师,许多女教师借鉴了男教师们的教学方法和设计思路——从这个角度而言,男教师团队的发展也带动了整个幼儿园教师的专业发展,达成了男教师为幼儿园整体发展、学前教育起到积极作用的目的。

除了在教学、教研中付出之外,他们以团队为名义在哔哩哔哩网站上开设了账号,以短视频形式面向社会家长和其他幼儿园教师传递科学育儿知识经验,彰显幼儿园教师的专业能量,树立积极向上的幼儿园教师形象。目前已累计发布五十多条短视频,形成了一定的社会影响力。制作视频的过程除了对专业知识、能力有较高要求之外,对专业以外的知识如拍摄、道具、剧本、后期、发布等技术要求也很高。发布短视频并没有额外酬劳,且耗时费力,可以想见只有拥有足够的热情及团队凝聚力,他们才有可能将项目进行下去。从中可见,团队的目标一致性、工作效率、个体间的关系等已经达到了相当高的水平。而从这个项目出发,他们在教师专业发展中的五个特质,都会有不同程度的进一步提升,从而在蜂巢模型中进一步获得新的增长。

相信在不断完善团队模型结构、机制的前提下,未来幼儿园男教师们的发展必将变得更美好。

五 研究反思

（一）研究过程的反思——从新手向全方位成熟迈进

无论从我们的研究情况发现，抑或从实际情况来看，男教师梯队的平均年龄较低，在整个教师队伍中都属于"新生代势力"。相对而言，队伍年轻化导致的专业知识、能力尤其是科研能力不足，在本次研究过程中也有所体现。具体表现在以下两方面：

第一，计划与实施不完全吻合。本课题立项时对整体研究的规划和布局存在一定瑕疵。在本课题建立之初，已进行过为期两年半的"幼儿园男教师的个案研究"区级课题的历练，因此对本课题开题时制定的研究内容颇有信心。然而，在实际开展过程中，发现其中存在不少前期未考虑周全的要素，如本在幼儿园男女教师比较研究中计划的"教师教学效能感的比较"，在实际操作中发现，运用已有工具的时间成本、研究样本数量的庞大都会严重影响整个课题的开展进度；再如以幼儿园男教师作为研究对象，由于一些男教师在实际工作中非常繁忙（幼儿园男教师往往在幼儿园工作中处于"顶梁柱"的位置），导致实际研究时的样本数低于预期；又如第一轮行动研究受到经验不足、疫情等客观因素影响，超出了本来的计划时长……尽管后期研究团队通过各种措施进行调整、弥补，但若在计划制订时就思考完善，相信研究过程将会变得更为坦荡平顺。

第二，研究方法运用不够熟练。部分研究方法的制定未考虑全面，如对"内容分析法"的认识不足，导致后期着手研究时发现本应考虑的样本数量，并不能完全达到——所幸通过调整，没有影响课题研究的全局。另外，从本研究报告中也可以清晰发现，相比研究后半段，前期的一些研究过程存在一定的科学性上的瑕疵，研究手法也较为稚嫩，如访谈调查法的运用，在本研究不同阶段中共使用了三次，可以明显地感受到随着时间推移而越来越严谨。感谢研究组的专家们，在开题报告、中期汇报中给予了无私的奉献和不遗余力的帮助，也让我们的研究团队在短短三年间成熟了不少。

此外，由于三年的课题研究时间较短，且受 2020 年起的疫情影响，让我们对幼儿园男教师蜂巢梯队进阶发展模型的成效分析略显不足——毕竟团队发展的过程往往是以年为计量单位才能更进一步获得成效反馈。但相信，经过了这三年的研究，后续持续性的行动研究必将贯穿我们的专业生涯；而本次研究给团队带来的全方位提升也将造就更为成熟的团队，并终将为学前教育事业奉上属于男性的那一份贡献！

（二）后续研究的展望——以遗憾为动力的接续奋斗

三年的课题研究中，研究团队成员不断进行着思维碰撞，摩擦出不少火花——我们认为这些思想火花尽管与本课题研究无关，但依然能对幼儿园发展、学前教育发展起到积极作用。在研究中无暇对这些想法进行进一步深入的研究，但对本课题研究结束之后的研究方向有了较大启发：

第一，感性与理性的融合。教育本就是由感性与理性结合而成的，如果说教书是理性的，那么育人就是感性的。幼儿教育如此，团队培养亦如此。我们在研究中发现，男教师对所处环境的文化氛围关注度处于高位，显然，"文化氛围"对于个体的发展和影响是巨大的。而"文化氛围"又是一个偏感性的议题，怎样的文化氛围利于个体发展？怎样的文化氛围能兼顾团队共同提升？如何创造合适的文化氛围？相信有了本次课题理性思考的基础，未来从感性角度出发建立合适环境、创造更好条件，帮助教师更好地进行专业发展是我们努力的一个方向。

第二，随着学前教育的发展，越来越多的男教师加入了学前教育的行列，这也是本课题研究的主要原因之一——以团队模型的构建帮助越来越多的男教师提升专业发展。当下，进一步对团队模型进行进一步验证和完善，夯实基础；未来，借助各级各类平台，尤其是为男教师们设立的平台来推广课题成果，也将是我们工作的重点。

第三，尽管本课题研究的是"幼儿园男教师专业成长特质"，去除男性特质的一部分，无论是教师专业成长特质还是梯队进阶模型的建立，其价值与意义不止于对男性教师的提升，也可为女教师的发展提供借鉴作用。考虑到学前教育与其他学段的不同，那么，进一步研究幼儿园女教师独有的专业成长特质并为她们"量身打造"更为适合的模型、创设更有利的环境等，也将是我们之后进一步研究的重要方向。

（三）研究成效的遐思——共创未来过程中的思与行

说来好笑——在2019年申报本研究的时候，本研究团队立足的幼儿园一线在编带班男教师数量上升至惊人的23位，占全园教职工人数的13%——与之对比的是2015年全上海市幼儿园男教师数量仅占总体的1%，本园很有可能是全国幼儿园中一线带班男教师数量最多的一所幼儿园；本研究结束的2022年，男教师数量降为18位。有声音质疑：你们研究男教师团队建设的，怎么研究来研究去，男教师数量反而变少了呢？

具体的描述，在本书开篇的前言中已有清晰阐述。这些数据与分析男教师流失、缺失现状的研究数据不谋而合。这里额外补充一份研究成果：2015年，我市学前教育教研室教研员王菁曾撰写一篇关于幼儿园男教师的研究报告《幼儿园男教师职业生存状态的现状调查及专业支持的实践研究》，摘录其中一段：

"……幼儿园男教师的薪金报酬与其计划工作年限、感觉受关照程度、对园所发展的信心之间的皮尔逊相关：

……

从结果可见,受访男教师的薪金报酬与其计划在学前教育工作的年限相关但不显著,……这一结果表明,薪金报酬在一定程度上会影响男教师在学前教育的工作时间,同时相对提高的薪金报酬会让男教师感觉受到了特别的关照,也会提高其对幼儿园未来发展的信心。……"

经历了十九年学前教育事业的奋斗,结合本课题研究,我的观点是"学前教育对男性而言,仍存适不适合的可能;同时环境与待遇依然都会对男教师的发展起到相当重要的作用"。因此,对于每一个离职的幼儿园男教师,我都送上了真诚的祝福;甚至对于一些不适合做幼儿园男教师的男性,我还会主动劝诫他。

也正因为男教师们的流失,给管理带来的问题和压力变得越来越小。一个规模庞大的男教师团队对任何一个传统以女性为主导的幼儿园来说都是一个巨大的挑战和甜蜜的负担。人员数量的减少,让我们有了喘息的机会去重新审视一些问题。

也正因为男教师们的流失,新手期、发展期男教师们不断努力提升自己的各项专业能力,努力填补由流失所带来的空缺。新"蜂巢互助小组"不断构建,新的男性"召集人",以男教师为主导的"项目组"不断涌现。我们反而欣喜地发现,男教师们的平均专业水平正以更快的速度提升。

也正因为男教师们的流失,留下的幼儿园男教师们"物以类聚,人以群分",个体目标反而变得更为一致。让团队变得更好,使我们不断思考、不断行动、不断修改着"蜂巢梯队进阶发展模型",甚至成为该模型进一步优化的唯一动力源泉。一次次实践、一次次构建、一次次反思,背后始终是一群不愿放弃教育理想、追求终极信念光辉的幼儿园男教师们。

也正因为男教师们的流失,让我们的研究团队进一步接纳了两位成熟女性教师的加入。在一起合作研究的过程中,作为一名男性,不断被女性细腻、缜密、创新的思维所折服。这让我们不得不感慨,即使是一个女性,依然可能具备一些男性特质;而一个男性,也有可能具备一些女性特质;或许当今社会,真正具备竞争力的是两种性别特质综合起来的"中性"特质。她们的加入,让我们的研究更"完整",也让以男性为主的团队成员对教育和专业发展有了新的思考和触动。

幼儿园的教育应当更为关注教育本身,男女搭配或许真的干活不累,但对于孩子的发展认识或许应该更客观些。21世纪初,美国学者的一份文献综述 Male Teachers in Early Childhood Education: Why More Men? A Review of the literature 中提到男性教师在学校中的作用并未完全凸显,如:"What's more, according to the experience of 11 - year - old children who attended 413 separated classes taught by 113 male and 300 female teachers, there is no evidence to indicate that male teachers improve the learning outcome of boys(as sited in Carrington, Tymms & Merrell, 2008). Also Professor Fagot et al.(1985)"——对于男孩的教育收益,并没有任何证据能证明男女有别。又如"... condluded young children's learning outcomes are more linked to school settings than teachers' gender."——比起教师的性别而言,学校课程设置给予孩子的收益更大。在这份文献综述中,男教师的作用仅仅对"平衡幼儿性别认知"有利。

我经常会接受媒体采访。有一次一个媒体试图想要让我凸显一些男教师在教学中与女教师完全不同的价值,于是抛出了一个假设性案例:如果一个孩子在你面前摔倒了,作为一名男教师你会怎么做?我们都知道答案。可是当前幼儿园中,女性教师面对孩子这种情况,也一样会说出普遍大众认为男教师会说的那句话:孩子,你可以的,自己爬起来!因为,本质上,这是一个教育问题,而不是幼儿园教师的性别问题。

从儿童发展来看,男教师并不"特别";从学前教育发展来看,男教师显得有些"特别";就男教师的专业发展而言,又显得非常"特别"。男性的出现,为学前教育的发展注入了新血液,有别于女教师的专业视野,或许也能给学前教育的改革发展带来新的启发。从专业发展角度来看,男性在发展过程中容易绽放光芒,却又显得尤其脆弱——尤其容易受到周遭环境、客观因素、工作氛围等影响。

是的,柴米油盐仍然是我们面临的现实问题,理想与未来始终是建立在物质基础之上的。但如果我们无法改变个人特质,也无法从本质上改变薪酬待遇,那就让我们用尽全力营造那美好的环境吧!

我想,研究过程中发生的一切客观事物的变化,给研究带来了挑战,更让成果产生了质量。真正的行动研究,不正是为了解决实际问题、探索具体行动所能产生的最佳效果而存在着的吗?

本书的出版也许能够帮助一些仍感困惑的男教师坚定想法;也许能够为处于职业上升期的男教师们指明方向;也许能够为那些拥有男教师,却不知该如何帮助他们发展,来为幼儿园发展起到最大作用的管理人员提供启示。

此外,在得知此项研究成果即将成书的消息后,一直引领我专业成长的两位前辈发来评价与期许。特此摘录如下:

> 充满细腻照拂的幼教工作,人们惯常以母爱的特质来担当:柔软而富有韧性。所以,当阳刚而富有力量的男幼儿教师"小众"地出现在人们的视野里,便因"稀少"而未知前路,也因新奇而令人期待。
>
> 充满教育情怀的刘树樑是有智慧的,他以自我的一点星火,燃起了男幼师心中烈焰,至今那一干"小众"已耀眼地照亮孩子、家长和同行。
>
> 很喜欢书中的"蜂巢模式"的寓意:相互连接的六条边和彼此倚靠的六边形,使其中的任何一个,在职业发展的路上,心安而稳妥地发挥自己的能量、拥有同伴的能量。很喜欢书名《"幼"有何"男"》,不仅在谐音中展示了男幼师的勇气,又在有理有据中指明了一位优秀男教师的成就之路在何方。值得阅读借鉴。
>
> 致敬这个"小众群",你们值得越来越好。
>
> ——应彩云(特级教师、正高级教师)

认识刘树樑很多年了,从他早期青涩的《白羊村的美容院》,到令人惊叹的《密室逃脱》;从看他逻辑缜密地演绎《抽桌布》,再到见证他的团队成员在《空气炮》《悬浮飞船》《风帆车》等活动中的精彩表现,我禁不住为刘老师从"一枝独秀"转型为"带领团队、共同体验成长"而点赞。

最近,有幸拜读刘老师《基于幼儿园男教师专业特质的梯队进阶式发展研究》的结题报告,不仅呈现"幼儿园男教师专业成长现状及主要影响因素""幼儿园男女教师专业化发展的比较研究""幼儿园男教师专业成长的特质"等研究结果。其还创造性地提出"蜂巢模型",提炼从专业知识、专业能力、专业理想、专业理念、专业倦怠与专业归属六个方面关注男教师的梯队进阶。"蜂巢模型"强调每个单元都相互连接并形成一个完整的结构,模型所具备的极高的稳定性,很大程度上寓意"抱团发展"更有助于理想统一的群体步调一致地前行。

阅读《"幼"有何"男"》,字里行间能感受到刘树樑的蜕变,他已经不再是那个只关注幼儿科学教育、有点特色的男教师了,他开始对男教师的生存状态、稳定发展、最大化作用发挥有了深度思考,他对学前教育中"小众群体"的未来发展保有关切与担当。为此,想对刘树樑说:既已选择,便甘之如饴;你的风雨兼程,一定收获可期的未来。

——徐则民(特级教师、正高级教师)

最后,衷心感谢为我们的图书出版保驾护航的各级领导,为我们的专业工作无私奉献的专项专家,三年来不离不弃、辛勤工作的研究组成员们,没有你们的付出,绝不会有今天的成果!感谢!

参考文献

1. 关幼萌.幼儿园男教师职业发展叙事研究[D].重庆:西南大学,2012.
2. 伏干,杨小晶.幼儿园男教师的胜任力对幼儿性别角色发展的影响[J].现代中小学教育,2009(11).
3. 李勇,王永峰.幼儿园男教师对幼儿个性发展的影响[J].新课程研究,2008(1).
4. 王永峰.关于幼儿园男教师角色职能的研究[D].长春:东北师范大学,2007.
5. 李小燕.幼儿园男教师实际工作情况以及影响男性参与学前教育因素的研究[D].广州:华南师范大学,2007.
6. 范勇.成都市幼儿园男教师生存状态调查研究[D].成都:四川师范大学,2011.
7. 李姗泽,史晓波.男幼儿教师在困境中的自我专业发展[J].学前教育研究,2008(2).
8. 李婷,卢清.幼儿园男教师的生存现状及理性思考[J].教育与教学研究,2013(3).
9. 刘宣.幼儿园男教师专业发展个案的叙事研究[D].上海:华东师范大学,2006.
10. 王平.幼儿园男教师专业发展的叙事研究[D].西安:陕西师范大学,2014.
11. 李晓玲.幼儿园男教师生存状态的个案研究[D].沈阳:辽宁师范大学,2013.

12. 朱睿.幼儿园男教师入职初期管理策略研究[D].成都：四川师范大学,2011.

13. 毛美娟.涓涓细流沁东方[M].上海：上海书店出版社,2011.

14. 美国劳动技术局官网.(www.bls.gov).2017.

15. Wei, Zhang. Male Teacher in Early Childhood Education: Why more men? A Review of the Literature. Culminating Projects in Child and Family Studies.18.2017.

16. Jan, Peeters. Including Men in Early Childhood Education: Insights from the European Experience. NZ Research in Early Childhood Education, vol.10, 2007.

17. Heather Rolfe. Where Are The Men? Gender Segregation In The Childcare And Early Years Sector. National Institute Economic Review No.195 January 2006.

18. Rentzou, Konstantina and Ziganitidou, Kiriaki' Greek male early childhood educators: self and societal perceptions towards their chosen profession', Early Years, 29: 3,271 – 279,2009.

19. 刘湘溶.吉尔福德人格特质理论述评[J].湖南师范大学社会科学学报,1988(6).

20. 韩鹏玉.窦桂梅的专业特质及其对教师成长的启示[D].沈阳：沈阳师范大学,2019.

21. 崔晓芳,黄雅娟.教师专业化成长的特质分析与策略研究[J].高等职业教育(天津职业大学学报),2013(03).

22. 赵昌木.论教师成长[J].教师教育研究,2002,14(3).

23. 张定强.教师成长不可缺失的特质：反思性分析[J].课程·教材·教法,2011(5).

24. 黄露,刘建银.中小学卓越教师专业特征及成长途径研究——基于37位中小学卓越教师传记的内容分析[J].中国教育学刊,2014(3).

25. 邓光明,冉泊涯.新时期名师特质及其成长途径初探[J].中国教育学刊,2010(6).

26. 韩延明.理念、教育理念及大学理念探析[J].教育研究,2003(09).

27. 付廷奎,付婧.中小学教育名家成长中的个体特质模型建构及现实意义[J].当代教师教育,2014(1).

28. 王颖.试析名师走向成功的特质素养[J].当代教育科学,2007(01).

29. 经柏龙.教师专业素质：形成与发展[M].中国社会科学出版社,2012.

30. 李长庆.蜂巢模型：提升思想政治工作质量的路径选择[J].教育评论,2019(05).

31. 宋卓奇.幼儿园教师全面薪酬满意度的现状及影响因素研究[D].上海：华东师范大学,2021.

32. 陈伟,陈宗荣.构建教师队伍梯队发展的校本机制[J].吉林教育(现代校长),2007(04).

33. 阳红.优化顶层概念设计 领跑教师梯队发展[J].课程教育研究,2016(22).

34. 张胜辉.教师梯队式发展策略研究[J].基础教育论坛,2012(12).

35. 王成德.幼儿教师性别对幼儿心理发展的影响研究[J].科技信息(科学教研),2007(23).

36. 许璐颖,周念丽.学前儿童家长亲职教育现状与需求[J].学前教育研究,2016(3).

37. 李巧萍.应重视培养和任用幼儿园男教师[J].现代教育论丛,1999(2).

38. 李奕.谈幼儿园男教师在体育游戏中的教育价值[J].教师,2014(24).

39. 索长清.幼儿园男教师的职业困惑——基于社会性别理论的视角[J].早期教育(教科研版),2014(9).

40. 盖振华.幼儿园男教师流失原因及对策研究[D].山东：山东师范大学,2011.

41. 周玲.青年教师职业发展的现状及其评价改革的意义[J].上海教育评估研

究,2021(5).

42. 李宝燕.幼儿教师专业发展现状及提升对策[J].宁波教育学院学报,2022(1).

43. 王笑梅.关于青年教师成长规律的研究[J].教育探索,2003(3).

附录一 幼儿园男教师专业成长现状及影响因素的调查研究问卷

您好！此问卷旨在了解目前上海市幼儿园教师的工作现状。您在此问卷中所提供的信息仅会被作为学术研究之用，不记名，不公开。谢谢您的配合和支持！

课题研究组
2019 年 3 月 30 日

1. 您的性别：□男　　□女
2. 您的年龄：

    A. 25 岁及以下　　　　　　B. 26—30 岁

    C. 31—35 岁　　　　　　　D. 36—40 岁

    E. 40 岁以上

3. 您的教龄：

    A. 1—5 年　　　　　　　　B. 6—10 年

    C. 10—15 年　　　　　　　D. 15—20 年

    E. 20 年以上

4. 您的职称：□初级　　□中级　　□副高级　　□正高级
5. 您的初始学历（即您刚成为幼儿园教师时的学历）：

    A. 中专（中职、高中）　　　B. 大专（高职）

    C. 985、211 类本科　　　　 D. 其他本科

    E. 硕士研究生　　　　　　　F. 博士研究生

6. 您初始的专业类型：

   A. 学前教育专业　　　　　　　　B. 非学前教育的文科师范专业

   C. 非学前教育的理科师范专业　　D. 非学前教育的艺术师范专业

   E. 非师范文科专业　　　　　　　F. 非师范理工科专业

   G. 非师范艺术专业

7. 您的最终学历(包括您正在攻读的学历)：

   A. 中专(中职、高中)　　　　　　B. 大专(高职)

   C. 985、211类本科　　　　　　　D. 其他本科

   E. 硕士研究生　　　　　　　　　F. 博士研究生

8. 您所在幼儿园的性质是：□公办　　□民办

9. 您所在幼儿园的等级是：□示范园　　□一级园　　□二级园

10. 您的婚姻状况：

    A. 未婚　　　B. 已婚　　　C. 离异　　　D. 丧偶

11. 您的配偶从事何种职业？

    □机关干部

    □非幼儿园教师的其他事业单位人员(如中小学教师、医生等)

    □幼儿园教师

    □企业管理者或者老板

    □企业单位一般员工

    □个体经营者、自由职业者

    □退休者或无职业者

    □其他(请写明：_____)

12. 您配偶所在幼儿园的性质是：□公办　　□民办

13. 您配偶所在幼儿园的等级是：□示范园　　□一级园　　□二级园

14. 您选择当幼儿园教师的原因是？(多选)

    □兴趣爱好,喜欢孩子　　　　　□工作稳定

    □工作压力小　　　　　　　　　□待遇丰厚

☐ 社会地位高　　　　　　　　☐ 就读学前教育专业，顺其自然

☐ 无特定原因

15. 您所在的幼儿园（不包括其他分园）一共有 _____ 名教师，其中有 _____ 名男性幼儿园教师。

16. 您在幼儿园的职务有？

　　A. 普通教师

　　B. 幼儿园中层（如教研组长、科研组长等）

　　C. 园领导（包括保教主任）

17. 您从事幼儿园教师职业的年收入（税后）是？

　　A. 6万以下　　　　　　　　B. 6万—10万

　　C. 11万—15万　　　　　　D. 16万—20万

　　E. 20万以上

18. 除本职工作收入外，您的其他收入（包括兼职、股票证券、房租等资产性收入）是？

　　A. 无　　　　　　　　　　B. 3万以下

　　C. 3万—6万　　　　　　　D. 7万—10万

　　E. 10万以上

19. 请您为自己的工作压力打分（最低1分，最高10分）

20. 您工作中最大的压力来源是？（至少选5项并排序）

　　☐ 与儿童的个别沟通　　　　☐ 教学活动的组织

　　☐ 幼儿保育工作　　　　　　☐ 家园沟通

　　☐ 课题研究　　　　　　　　☐ 案头工作

　　☐ 教学评估　　　　　　　　☐ 环境创设

　　☐ 同事交往　　　　　　　　☐ 开放活动

21. 您对当前工作的满意程度（最低1分，最高10分）

22. 您认为当好一个幼儿园教师最重要的是哪些方面？请按"重要至次要"排序：

□幼儿保育能力　　　　　　　□教学活动实施能力

□与幼儿沟通交流的能力　　　□与同事交流合作的能力

□与家长沟通交流的能力

□科学文化知识(如天文、地理、化学、物理、历史、文化等知识)

□幼儿发展知识(如幼儿生理、心理不同阶段的发展特点等知识)

□幼儿教学知识(如课程、活动设计知识,教育技术知识等)

□道德品质　　　　　　　　　□性格特点

23. 请为您自己的专业能力进行打分(1分～10分)

	1分	2分	3分	4分	5分	6分	7分	8分	9分	10分
幼儿保育能力(分数越高压力越大)										
教学活动实施能力										
与幼儿沟通交流的能力										
与同事交流合作的能力										
与家长的沟通交流能力										
科学文化知识(如天文、地理、化学、物理、历史、文化等知识)										
幼儿发展知识(如幼儿生理、心理不同阶段的发展特点等知识)越高压力越小										
幼儿教学知识(如课程、活动设计知识,教育技术知识等)越高压力越大										

24. 您觉得与您的高中同学相比,您的社会经济地位处于其中的:

A. 前 20％ B. 21％～40％

C. 41％～60％ D. 61％～80％

E. 后 20％

25. 请您由高至低为以下职业的社会地位排序：

☐ 大学教师　　　　　　　　☐ 银行职员

☐ 记者　　　　　　　　　　☐ 小学教师

☐ 软件开发人员　　　　　　☐ 会计

☐ 幼儿园教师　　　　　　　☐ 个体工商户

☐ 高中教师　　　　　　　　☐ 建筑工人

☐ 保姆　　　　　　　　　　☐ 农民

☐ 初中教师

26. 您是否赞同以下这些观点？

	很不赞同	不赞同	不确定	赞同	很赞同
我的教育理念能够得到同事们的认同					
我的教学成果能够得到客观的评价					
我能轻松地融入同事群体					
我十分受家长们的尊重					
我十分受家长们的信任					
我和家长的沟通十分顺畅					
我十分受到孩子们的喜爱					
我的家人十分支持我的工作					
幼儿园老师转行是件容易的事情					
我将终身从事学前教育这个行业					

续　表

	很不赞同	不赞同	不确定	赞同	很赞同
如果有机会重新选择，我会继续做一名幼儿园教师					
我在学校中学到的知识、技能足以支撑实际工作					
幼儿园老师需要兼职					
我认为幼儿园教师是一份具有发展性的职业					
男性适合做幼儿园教师					
男幼儿园教师有不可取代的地位及作用					
我的幼儿园需要男教师					
男幼儿园教师在工作中得到了特别的关照					

27. 您认为学校哪些方面的专业培养课程需要加强？请按"重要至次要"排序：

□职业理解与认识　　　　　□对幼儿的态度与行为

□幼儿保育和教育的态度与行为　□个人修养与行为

□幼儿发展知识　　　　　　□幼儿保育和教育知识

□通识性知识　　　　　　　□环境的创设与利用

□一日生活的组织与保育　　□游戏活动的支持与引导

□教育活动的计划与实施　　□激励与评价

□沟通与合作　　　　　　　□反思与发展

附录二 不同年龄段男女教师专业发展比较研究访谈提纲

为了更好地了解男女教师对于自身发展认知与想法的不同,我们采访了不同年龄阶段的男女教师,针对"专业理想""专业信念""专业情感"几方面设计了访谈提纲,以期更好地获得教师的最真实、最直接的想法。

访谈提纲

1. 您为自己的专业水平打几分?(1~10分)
2. 您希望将来自己成为一名什么样的教师?
3. 您的教龄是几年?
4. 您对未来3年、10年的专业发展有什么规划和期待?
5. 您选择做幼儿教师的原因?
6. 您在工作中的压力通常来源于哪里?
7. 您是如何疏解这些压力的呢?
8. 您是否有自己的教育理念?
9. 当您的教育理念面临质疑和不认同时,您会如何选择?
10. 您对幼教工作满意吗?
11. 领导、同事、家人对您是认可的吗?体现在哪里?
12. 您觉得自己在工作中是否受到重视?体现在哪里?
13. 您觉得您是否能轻松地融入同事群体?
14. 您认为幼儿园教师是一份有发展性的职业吗?

15. 您将终身从事学前教育这个行业吗？
16. 如果有机会重新选择，您会选择从事幼教吗？
17. 您认为幼儿园男教师是否有不可取代的作用？
18. 您认为幼儿园男教师在工作中是否得到了特别的照顾？

附录三 男教师专业成长发展特质研究访谈提纲

一、访谈问题

1. 在教师专业成长方面,你认为自己有何优势?
2. 工作中最常困扰你的是哪些方面的问题?想过如何解决吗?
3. 你觉得目前来说幼儿园给予哪些方面的支持对你的专业发展有明显帮助?
4. 5年以后你觉得自己还会在幼儿园工作吗?你会成为什么样的教师?
5. 你还希望幼儿园给予你的职业发展哪些方面的支持?为什么?

二、问题指向说明

1. 问题1旨在了解男教师对于自己专业成长特质的认识和了解情况。
2. 问题2、3、4旨在了解男教师在专业发展上自我认可状况。
3. 问题5旨在了解男教师对于自己专业发展的期望和需求。

附录四 幼儿园男教师蜂巢梯队进阶发展模型成效访谈设计

尊敬的老师：

  您好！

  我是男教师团队研究项目组访谈员，课题围绕男教师梯度进阶成效进行研究访谈。希望在研究过程中获得您的帮助，特申请对您进行访谈，访谈时间预计半小时左右。

  访谈过程需要录音以便后续的转录和编码，谈话内容将匿名处理且得到保密，所有结果仅作为课题的结题报告需要不作他用，不进行公开，请您放心。

  真心希望获得您的帮助，不胜感激。

男教师团队研究项目组
2022 年 2 月

访谈内容：

1. 您觉得您在男教师团队中所处的地位是什么？或者说您在哪方面发挥您的优势与价值？您的角色是什么？
2. 您对男教师之间的相处模式、工作模式有什么看法？
3. 从职初到现在，您觉得男教师团队对您最大的影响是什么？
4. 您在男教师团队生活工作中印象最深，对您最有帮助或者最有积极影响的实例有哪些？

5. 您在男教师团队生活工作中印象最深,对您来说留有遗憾或者有负面影响的实例有哪些?

6. 近些年有不少男教师离开这个团队,对此您的想法是什么?